ATLAS DES KÖRPERS

1. Auflage 2024
ISBN 978-3-03876-307-9

Übersetzung:
Claudia Koch, Ilmenau

Lektorat/Korrektorat:
Silvia Bartholl, Frankfurt

Fachlektorat:
Linus Koch, Ilmenau

Satz:
Ulrich Borstelmann, Dortmund

Projektleitung:
Gregory C. Zäch, Zürich

Illustrationen:
Giulia Ripa

Originaltexte:
Martina Fanti

Bibliografische Information der Deutschen Bibliothek
Die Deutsche Bibliothek verzeichnet diese Publikation in der
Deutschen Nationalbibliografie unter www.dnb.de.

Midas Verlag AG, Dunantstrasse 3, CH 8044 Zürich
kontakt@midas.ch, www.midas.ch, socialmedia: follow »midasverlag«

MARTINA FANTI

ATLAS DES KÖRPERS

Wie wir Menschen funktionieren

Illustrationen von
GIULIA RIPA

MIDAS

INHALT

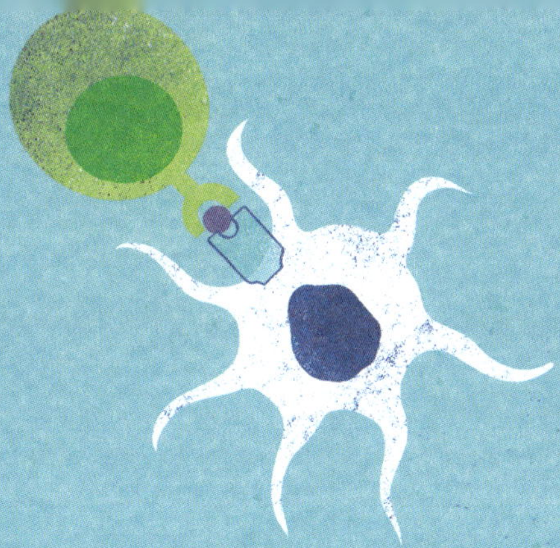

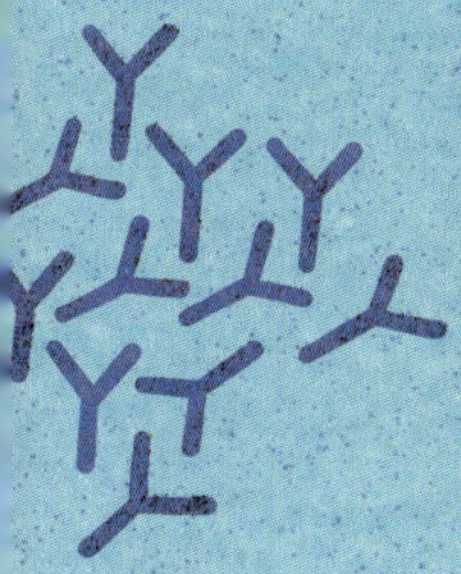

WIE IM KLEINEN, SO IM GROSSEN

Unterscheiden wir uns so sehr von unserer Umgebung?

WOMIT SOLL MAN EIN BUCH ÜBER DEN MENSCHLICHEN KÖRPER BEGINNEN? VIELE WÜRDEN MIT DEN KLEINSTEN TEILCHEN ANFANGEN, DIE MAN NUR UNTER DEM MIKROSKOP SEHEN KANN, ANDERE MIT EINER ÜBERSICHT ÜBER DIE ORGANE. WIR MACHEN BEIDES, INDEM WIR VOM KLEINEN IMMER WIEDER AUFS GROSSE SCHAUEN. WENN DU ANFANGS EINIGE BEGRIFFE NICHT VERSTEHST, IST DAS NORMAL. WIR WERDEN IM LAUFE DES BUCHES ALLES ERKLÄREN, ALSO KEINE SORGE. WAS HAT DIE WELT UM UNS HERUM MIT DER FUNKTIONSWEISE UNSERES KÖRPERS ZU TUN? DU WIRST STAUNEN, WIE VIELE WELTEN WIR ERKUNDEN WERDEN.

Von klein auf sind wir daran gewöhnt, unsere Umgebung als etwas zu sehen, das sehr weit von uns entfernt ist, ja sogar unbekannt. Wenn wir zum Beispiel durch den Wald laufen, sagen wir: »Ich gehe im Grünen spazieren, mitten in der Natur.« Aber was verstehen wir unter dem Begriff »Natur«? Vermutlich würden wir antworten, dass sie nicht viel mit uns zu tun hat, dass sie im Gegensatz zu allem steht, was wir machen und was wir erschaffen ... doch ist das wirklich so?

Nicht wirklich! Denn als lebende Spezies sind wir Teil eines komplizierten und faszinierenden Netzwerks, das alle Organismen unseres Planeten miteinander verbindet. Wir leben in ständiger Beziehung zu unserer Umwelt, wir sind genauso ein Teil der Natur wie die Pflanzen, Tiere und Pilze, denen wir bei unseren Waldspaziergängen begegnen.

Unser Körper wird oft mit einer gut gebauten, perfekten Maschine verglichen. Aber warum finden wir bei der Beschreibung unseres Körpers keine Analogien zu der Welt um uns herum, von der wir doch schon immer ein Teil waren? Wir zeigen dir, dass die Art und Weise, wie wir strukturiert sind, und die Strategien, die wir gefunden haben, um zu überleben, sich nicht so sehr von unserer Umwelt unterscheiden!

In diesem Buch erklären wir, wie unser Körper organisiert ist. Wir beginnen mit den grundlegenden Konzepten, die ebenso wichtig wie unausweichlich sind; dann schauen wir uns im Detail an, wie unser Körper funktioniert. Dazu verwenden wir sowohl den anatomischen als auch den physiologischen Ansatz (keine Sorge, auch das werden wir erklären!). Alle Teile unseres Körpers sind passend zu ihrer Funktion gebaut, hast du das gewusst?

Anhand einfacher Fragen werden wir die Parallelen zwischen uns und der Welt da draußen aufdecken und erkennen, dass wir uns im Grunde gar nicht so sehr von der Natur unterscheiden, die uns umgibt. Im Gegenteil! Wir sind Teil eines ganzen lebenden Systems, in dem alle Individuen in einem riesigen lebendigen Netz perfekt miteinander verbunden sind. Halte den Atem an und ... ja, bald wirst du auch entdecken, wie deine Lunge funktioniert. Einen Moment Geduld, und los geht's!

DIE ZELLEN

Woraus sind wir gemacht?

DIE ERSTAUNLICHE REISE DURCH UNSEREN KÖRPER BEGINNT MIT DEN ZELLEN, UNSEREN GRUNDBAUSTEINEN. HAST DU GEWUSST, DASS WIR DIESE KLEINEN BAUSTEINE, AUS DENEN UNSER KÖRPER BESTEHT, MIT ALLEN, ABER WIRKLICH ALLEN ANDEREN LEBEWESEN TEILEN? DU WIRST ZELLEN FINDEN, DIE SICH ZWAR VONEINANDER UNTERSCHEIDEN, ABER DIESELBEN GRUNDLEGENDEN EIGENSCHAFTEN HABEN. LASS SIE UNS GEMEINSAM ENTDECKEN!

Aber was ist eine Zelle? Sie ist ein lebendes Teilchen, die kleinste Einheit, die als lebendig betrachtet werden kann. Genau wie wir Menschen wird sie geboren, sie ernährt sich, wächst, vermehrt sich und stirbt schließlich. Die Zellen, aus denen unser Körper, die Pflanzen, die Tiere und die Pilze bestehen, werden als **eukaryotische** Zellen bezeichnet. Sie unterscheiden sich von den älteren, einfacheren **prokaryotischen** Zellen durch einige Zellorganellen, wie zum Beispiel durch den Zellkern. Diese Elemente werden wir uns nun näher anschauen – und damit beginnt unsere Entdeckungsreise in das Universum der Zellen!

ZELLKERN: grundlegendes Element der Zelle, das durch die **Kernmembran** begrenzt wird. Der Kern ist das »Gehirn« der Zelle, das deren Aktivität mithilfe der Informationen in der DNA steuert. Die DNA wiederum ist ein grundlegendes Molekül im Zellkern, das alle Informationen enthält, die der Zelle Leben und Wachstum ermöglichen.

RIBOSOMEN: Sie erhalten Informationen aus dem Zellkern in Form eines Moleküls namens mRNA. Ribosomen sind in der Lage, mRNA zu »lesen« und in **Proteine** umzuwandeln: in Moleküle also, die für die Grundfunktionen der Zelle sorgen und die kleinen Bausteine sind, aus denen unser Körper besteht.

ZELLMEMBRAN: Hülle, die die Zelle begrenzt und das **Zytoplasma** umschließt. Sie stellt sowohl eine Barriere als auch ein Tor für ein- und austretende Stoffe dar.

LYSOSOMEN: Sie sind ein Teil des »Verdauungssystems« der Zelle und zersetzen zelleigene und zellfremde Moleküle in ihre Bestandteile.

MITOCHONDRIUM: Es ist das **Kraftwerk** der Zelle und für die Zellatmung verantwortlich, dank der die Zelle Energie zum Leben erhält.

ZYTOSKELETT:
das »**Skelett**«, das die Zelle stützt. Es besteht aus einem Netz von fadenähnlichen Filamenten, die das Zytoplasma durchziehen.

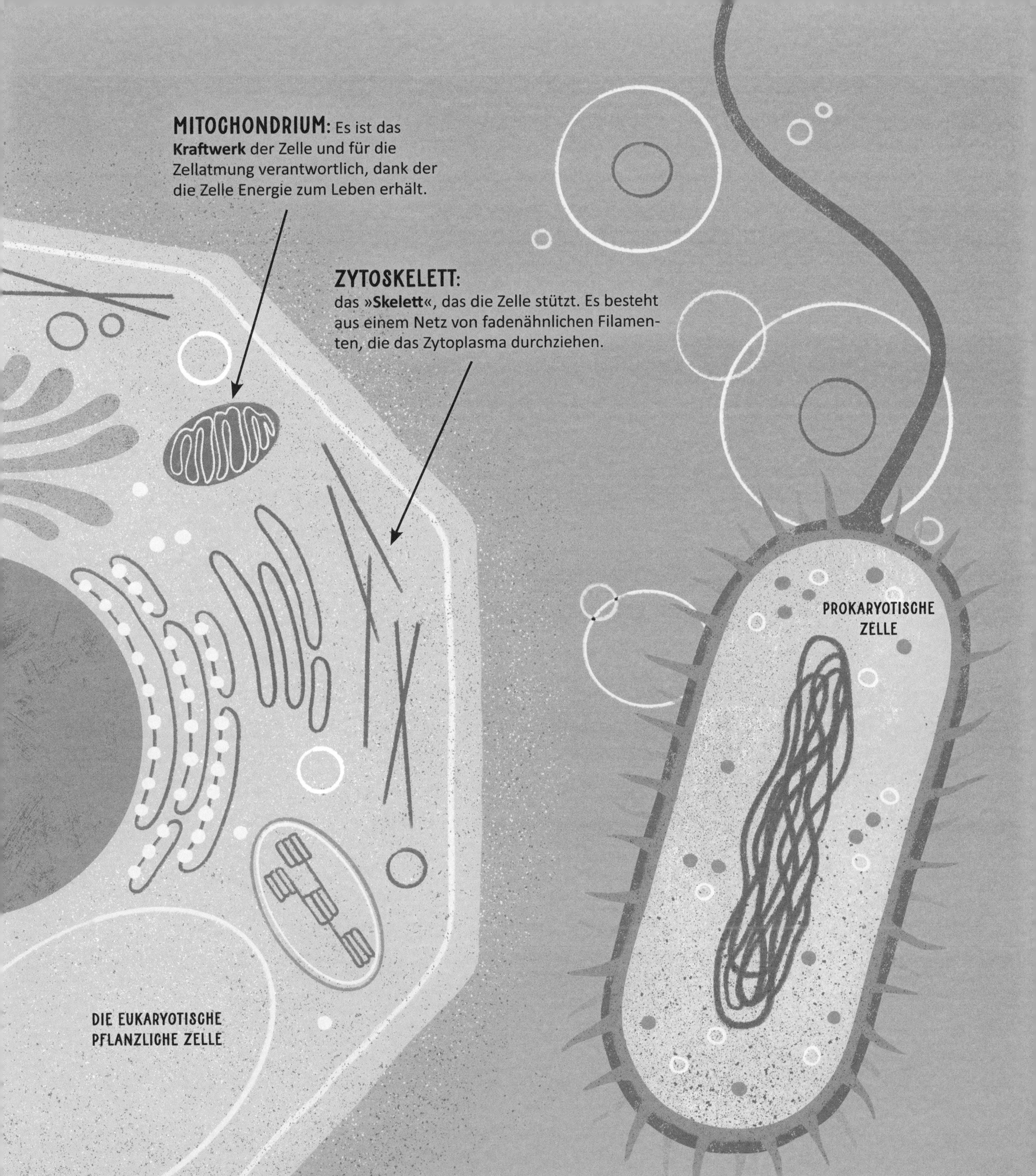

ZYTOPLASMA: Zellen bestehen zum größten Teil aus Wasser; dieser flüssige Teil wird **Zytoplasma** genannt und ist von der **Zellmembran** begrenzt. Im Zytoplasma sind die Grundmoleküle (Proteine, Kohlenhydrate, Lipide) gelöst und die für die Zelle notwendigen Organellen untergebracht.

WIE IM KLEINEN, SO IM GROSSEN

Aber ist unser Körper wirklich so anders als eine einzelne Zelle? Wenn wir genau hinschauen, stellen wir fest, dass sich dieses kleine lebende Gebilde gar nicht so sehr von uns unterscheidet. Es ist kein Zufall, dass wir für die Beschreibung der Zellelemente Begriffe verwenden, die für unseren Körper typisch sind. Erfolgreiche Strategien werden kopiert, und was im Kleinen funktioniert, wie in der Zelle, wird auch bei uns im Großen wiederholt und reproduziert!

WIR TRAGEN DEN PLAN FÜRS LEBEN IN UNS

Welche Rolle spielt die DNA?

ZELLEN SIND ALSO DIE GRUNDBAUSTEINE DER GESAMTEN LEBENDEN WELT. SIE WERDEN GEBOREN, SIE WACHSEN, SIE STERBEN ... ABER WIE SCHAFFEN SIE DAS ALLES? WIE KANN DIE ZELLE, DIE KLEINSTE LEBENDE EINHEIT, SO PERFEKT FUNKTIONIEREN, UND ZWAR SOWOHL BEI EINZELLERN, WIE BAKTERIEN, ALS AUCH BEI VIELZELLIGEN ORGANISMEN? DER ZELLKERN, DAS GEHIRN DER ZELLE, KANN DANK DER IN DER DNA ENTHALTENEN INFORMATIONEN DIE GESAMTE ZELLTÄTIGKEIT STEUERN.

Die DNA, kurz für Desoxyribonukleinsäure, ist das Molekül, das als Bauplan der Zelle betrachtet werden kann. Auf der DNA stehen buchstäblich alle Anweisungen geschrieben, die die Zelle effizient funktionieren lassen. Aber nicht nur das! Bei uns Menschen und bei allen anderen mehrzelligen Organismen sind in der DNA auch die Informationen enthalten, die unsere körperlichen Merkmale bestimmen: Augen- und Haarfarbe, unsere Größe ... All diese Informationen werden an künftige Generationen weitergegeben und ... wer übernimmt das? Die DNA natürlich!

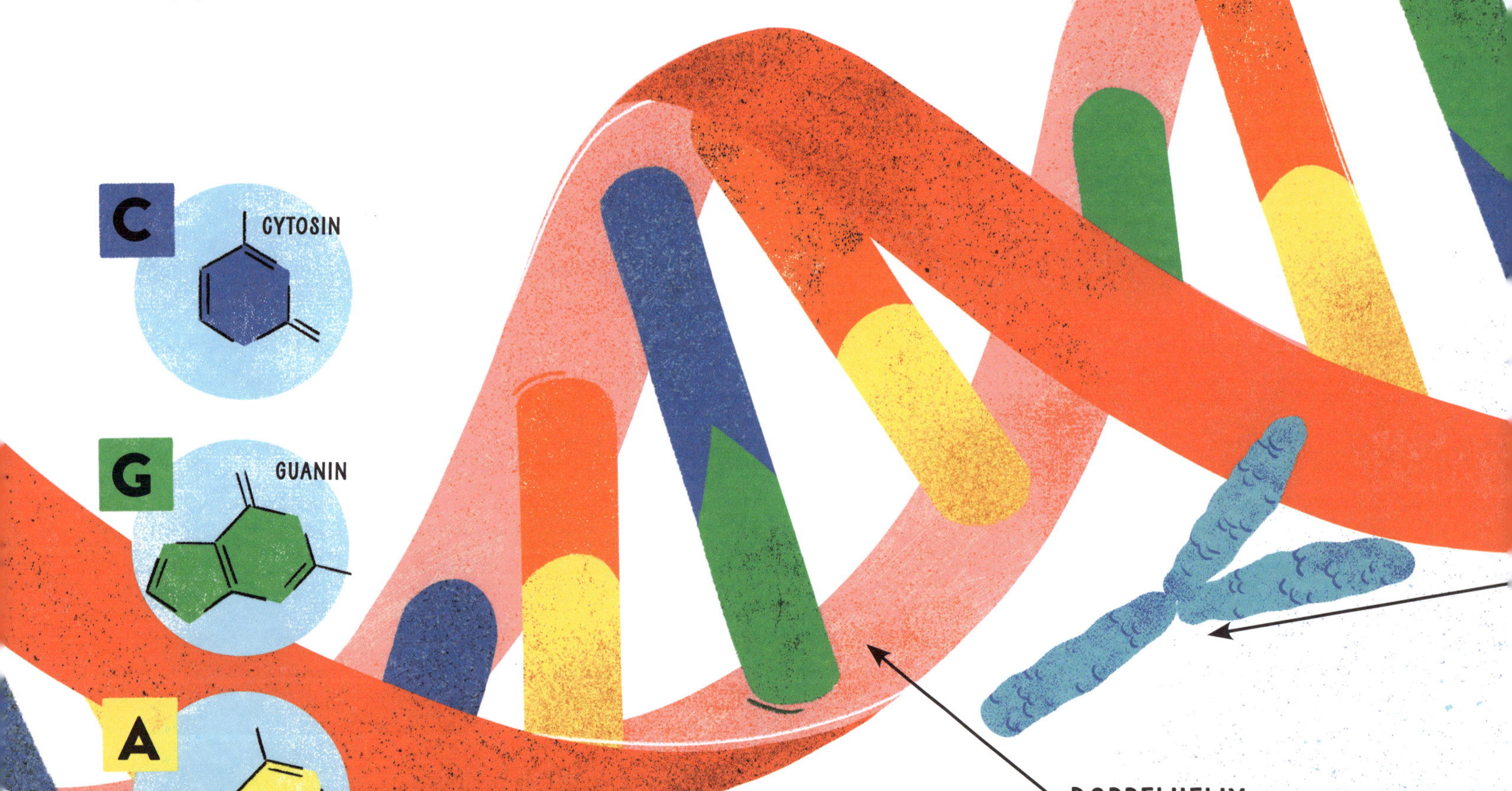

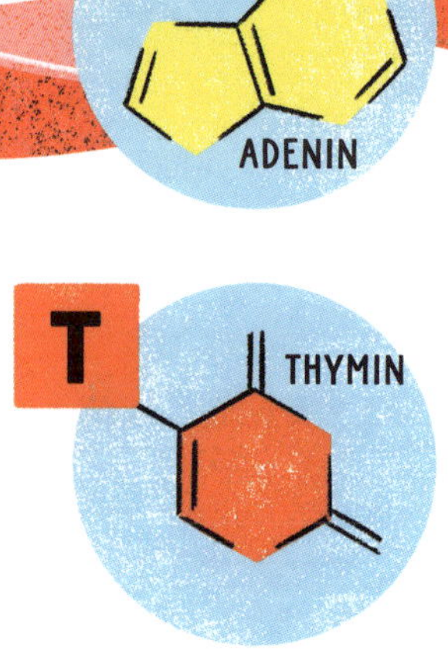

NUKLEINBASEN: Das Alphabet, mit dem unsere Bauanleitung geschrieben ist, ist im Vergleich zu dem der deutschen Sprache sehr kurz: Es gibt nur vier Buchstaben, die in einem scheinbar chaotischen, aber sehr präzisen Code aufeinander folgen! Genau wie bei den Buchstaben unseres Alphabets, aus denen sich Wörter zusammensetzen, bildet die Reihenfolge dieser Stoffe die Sätze, die die Zelle zum Funktionieren braucht. Diese Buchstaben werden als **Nukleinbasen** bezeichnet und heißen: **Adenin, Cytosin, Guanin und Thymin**.

DOPPELHELIX: Die einzelnen Nukleinbasen binden sich über je einen Phosphatrest und den Zucker Desoxyribose in einer bestimmten Reihenfolge aneinander und bilden zwei unterschiedliche Stränge. Diese beiden Stränge der DNA passen genau zusammen und vereinen sich zu einem Gebilde, das einer Leiter ähnelt. Dieses wiederum wickelt sich um sich selbst und nimmt schließlich seine endgültige Struktur an, die einer **Doppelhelix**.

CHROMOSOMEN: Die Doppelhelix-Struktur der DNA kommt im Zellkern in den **Chromosomen** vor, die das Erbgut enthalten. Die Anzahl der Chromosomen variiert von Spezies zu Spezies. Wir Menschen besitzen 46 Chromosomen oder besser gesagt, 23 Chromosomenpaare.

GENE: In unserer Bauanleitung erkennst du Abschnitte, die als Gene bezeichnet werden. Das sind Teile der DNA, welche die Anleitung zur Herstellung bestimmter Proteine enthalten. Während die DNA nur Informationen enthält, wie man diverse Dinge herstellt, führen die Proteine tatsächlich Aufgaben aus. Wir alle müssen zum Beispiel essen. Die Nahrung, die wir zu uns nehmen, muss jedoch verarbeitet werden, damit sie von unserem Körper genutzt werden kann. Proteine beschleunigen jeweils bestimmte chemische Reaktionen. Das benötigen wir zum Beispiel für das Verdauen von Nahrung, aber auch für viele andere Funktionen unseres Körpers. Wie solche **Enzyme** hergestellt werden, steht eben in der DNA.

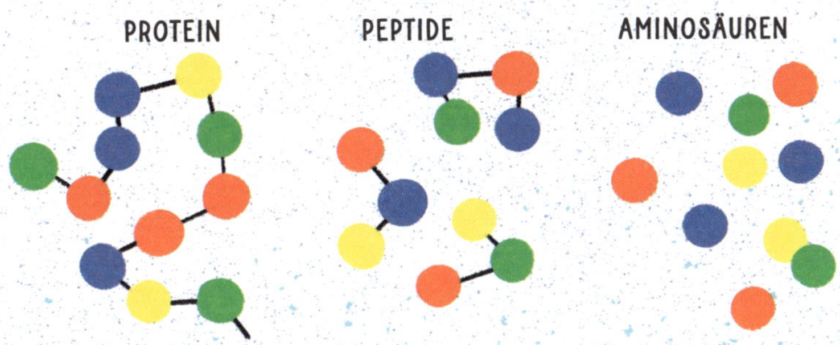

WIE IM KLEINEN, SO IM GROSSEN

Die Sprache, mit der unsere DNA geschrieben ist, ist nicht nur in unseren Genen vorhanden, ganz im Gegenteil. Der **genetische Code** ist universell! Wir teilen ihn mit allen anderen Organismen, die unseren Planeten bevölkern. Apropos universell: Wenn wir die DNA, die in jeder unserer Zellen enthalten ist, aneinanderlegen würden, wäre sie etwa tausendmal länger, als die Entfernung zwischen Erde und Sonne.

ENERGIE IN ALLEN FORMEN

Wie können Zellen überleben?

ALLES UM UNS HERUM IST ENERGIE: DAS LICHT DER SONNE, DAS DIE ERDE ERREICHT, DAS MEER, DAS SICH MIT SEINEN WELLEN AN DEN KLIPPEN BRICHT, DER WIND, DER DURCH DIE BÄUME STREICHT, DER FLUSS, DER DAS TAL ERREICHT … ABER WIE KANN MAN ENERGIE ERKLÄREN? SIE WIRD ALS DIE FÄHIGKEIT EINES KÖRPERS DEFINIERT, ARBEIT ZU LEISTEN, ABER WIE IST DAS ZU VERSTEHEN? WIR ALLE KÖNNEN ALS KÖRPER BETRACHTET WERDEN, DER ARBEIT VERRICHTEN MUSS, SEI ES BEIM GEHEN, BEIM DENKEN, BEIM UMARMEN EINES GELIEBTEN MENSCHEN … DOCH UM ALL DIESE HANDLUNGEN AUSZUFÜHREN, BRAUCHEN WIR ENERGIE!

ENERGIE: Was passiert, wenn wir lange nichts essen, mal abgesehen davon, dass wir einen Bärenhunger haben? Wir fühlen uns schlapp. Was wir dann brauchen, finden wir in der Nahrung, die wir zu uns nehmen. Auch die Zellen unseres Körpers brauchen Energie, um ihre Arbeit zu verrichten, und auch sie werden über die Nahrung mit Energie versorgt. Nahrung wird zur Energiequelle, zu einer »Währung«, die für alle zellulären Aktivitäten verwendet werden kann.

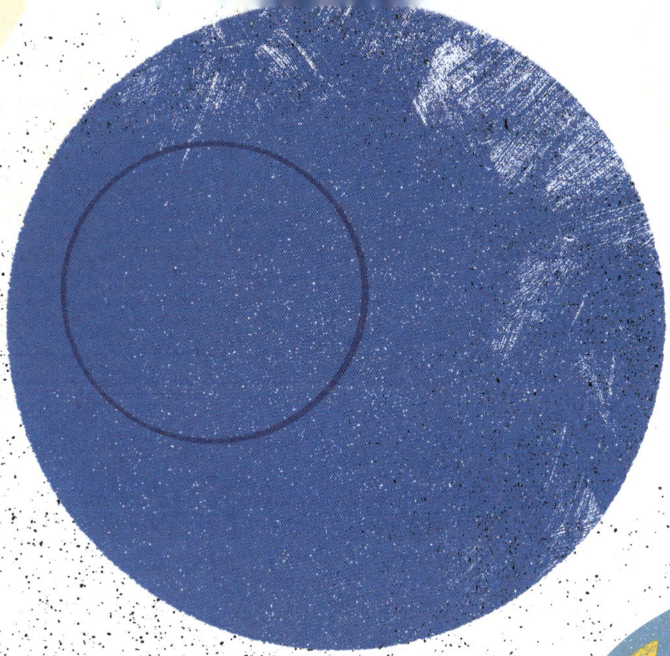

GLUKOSE

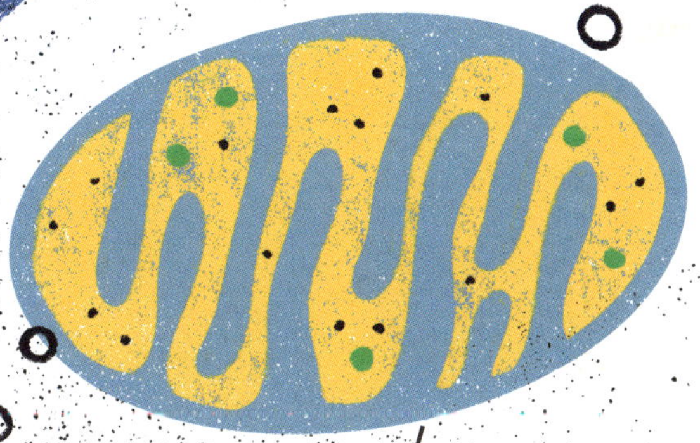

NAHRUNG, UNSERE ENERGIEQUELLE: Nudeln, Hülsenfrüchte, Fleisch – all das sind Energiequellen, die wir unserem Körper zuführen müssen, um unsere täglichen Aktivitäten zu verrichten. All diese Lebensmittel unterscheiden sich in ihrer chemischen Zusammensetzung, aber sie werden in die gleiche »Währung« umgewandelt, die von den Zellen für ihre Arbeit verwendet werden kann. Doch wo ist die Energie in der Nahrung zu finden? Sie ist in den chemischen Bindungen gespeichert, welche die Bausteine unserer Nahrung, die Moleküle, zusammenhalten. Bei der Verdauung werden diese Bindungen aufgebrochen, die Energie wird freigesetzt und für die verschiedenen Aktivitäten genutzt.

ZELLATMUNG: Sobald die Nahrung in kleinere Moleküle zerlegt ist, gelangt sie zunächst in das Zytoplasma und dann in die Mitochondrien. Sie sind die wahren Energiekraftwerke der Zelle. Sowohl im Zytoplasma als auch in den Mitochondrien finden Verbrennungsreaktionen statt, bei denen chemische Bindungen aufgebrochen werden. Dabei werden die Moleküle mit Sauerstoff umgesetzt. Sie »verbrennen« quasi. Es werden eine große Menge an Energie sowie zwei weitere Produkte freigesetzt: Kohlendioxid und Wasser. Die Reaktionen, die in den Mitochondrien ablaufen, werden als **Zellatmung** bezeichnet.

ATP: Die Energie, die bei den Reaktionen freigesetzt wird, wird nicht direkt abgegeben, sondern zur Bildung eines anderen Moleküls verwendet, der »Währung«, von der wir gesprochen haben. Dieses Molekül heißt **Adenosintriphosphat** oder kurz **ATP**. Die Bindungen, aus denen es besteht, werden bei Bedarf aufgebrochen, wodurch die für verschiedene Zellaktivitäten erforderliche Energie freigesetzt wird.

WIE IM KLEINEN, SO IM GROSSEN

Lebewesen gibt es in sehr unterschiedlichen Formen, aber der Ursprung der Energie, die sie am Leben erhält, ist nur ein einziger: die Sonne! Die Sonne hat vor Milliarden von Jahren die Existenz von Leben auf der Erde ermöglicht. Pflanzen nutzen die Sonnenenergie mithilfe von Fotosynthese, damit sie leben können. Pflanzenfressende Organismen ernähren sich von Pflanzen und werden wiederum zu Nahrung für fleischfressende Organismen. Und so nehmen auch wir, indem wir uns von anderen Lebewesen ernähren, die Sonnenenergie auf, wenn auch in anderer Form.

DIE BAUSTEINE DES LEBENS

Aus welchen Molekülen bestehen Lebewesen?

WIR HABEN BEREITS GEKLÄRT, DASS ZELLEN DIE KLEINSTEN EINHEITEN DES LEBENS SIND, ABER WORAUS SIND SIE GEBAUT? AUCH IHRE BESTANDTEILE KENNST DU SCHON: PROTEINE UND DNA ... ABER WORÜBER SPRECHEN WIR EIGENTLICH GENAU?

STICKSTOFF

Unsere Zellen sowie alle Zellen, aus denen sich lebende Organismen zusammensetzen, bestehen aus sogenannten **Biomolekülen** (Kohlenhydrate, Nukleinsäuren, Proteine, Lipide), d. h. aus Substanzen, die es nur bei Lebewesen gibt. Der Hauptbestandteil der Biomoleküle ist **Kohlenstoff**, der sehr stabile Bindungen eingeht und somit das Hauptskelett bildet. Andere Elemente binden sich an ihn: Die häufigsten sind **Sauerstoff, Wasserstoff** und **Stickstoff**.

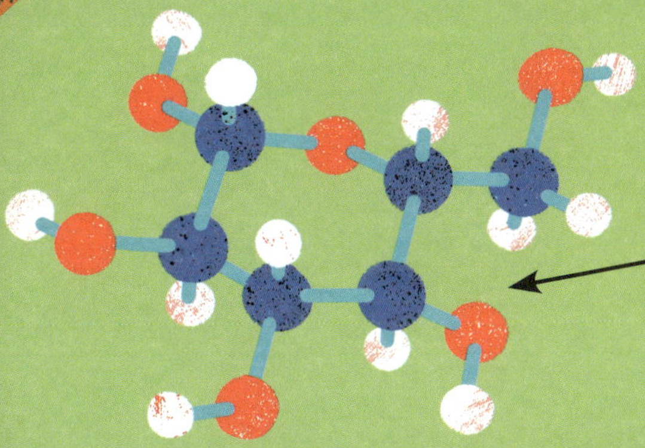

KOHLENHYDRATE: Sie sind die Grundbestandteile von Brot, Nudeln, Zucker usw., aber welche Rolle spielen sie im Organismus? Ihre wesentliche Funktion besteht darin, Energie zu liefern, die schnell verbraucht werden kann. Wie fühlt man sich, wenn man einen großen Teller Nudeln gegessen hat? Voller Energie, kräftig! Kohlenhydrate werden als Energieressourcen genutzt und bilden andere Moleküle, die für unseren Körper wichtig sind.

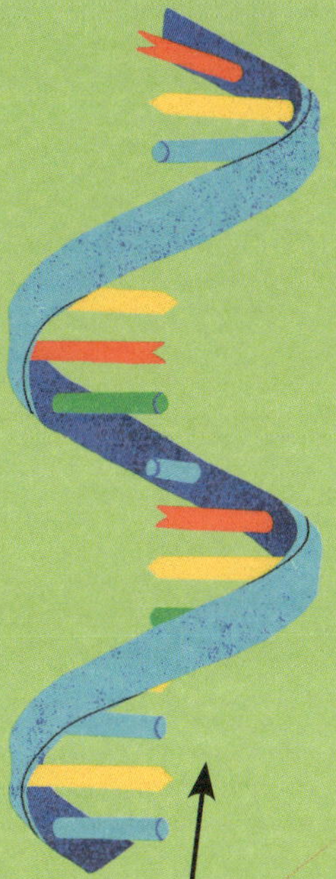

NUKLEINSÄUREN: Wir haben sie bereits kennengelernt: im Zusammenhang mit der DNA, unserer Bauanleitung, aber auch mit der mRNA, dem Molekül, das Informationen aus dem Zellkern heraustransportiert. Nukleinsäuren sind die Gruppe der Moleküle, die die genetische Information enthalten: Sie übertragen die Erbanlagen und steuern die Proteinsynthese.

PROTEINE: Diese Biomoleküle haben ganz unterschiedliche Funktionen. Sie sind einerseits wichtiger Baustoff für Muskeln, unser Gehirn und fast alles andere in unserem Körper. Andererseits sind sie auch für viele Prozesse und Reaktionen wichtig. Dann spricht man von **Enzymen**.

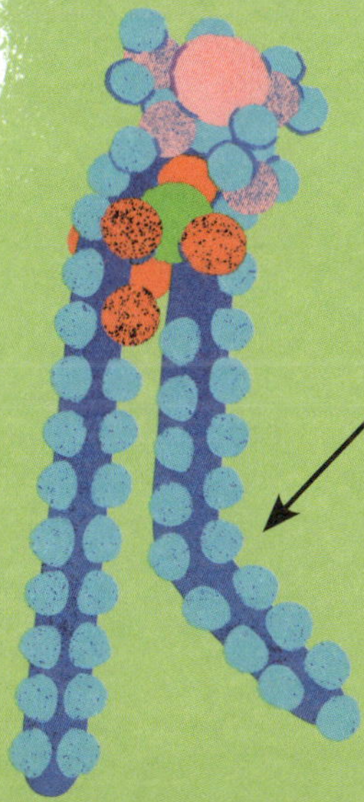

LIPIDE: Das sind Biomoleküle mit sehr unterschiedlichen Strukturen und Funktionen. Im Allgemeinen handelt es sich um Moleküle, die sich nicht in Wasser auflösen lassen. Sie stellen, wie die Kohlenhydrate, eine Energiereserve dar und haben die grundlegende Aufgabe, die Zellmembran zu bilden. In Form von Hormonen und Vitaminen spielen sie auch eine regulierende Rolle in unserem Körper.

WIE IM KLEINEN, SO IM GROSSEN

In der Natur wird nichts erschaffen, nichts zerstört – alles wird umgewandelt! Wir und alle anderen Lebewesen bestehen aus Materie, und diese befindet sich in einem ständigen Kreislauf. Die Pflanzen können durch Fotosynthese anorganische (nicht lebende) Materie in organische (lebende) Materie umwandeln, die den übrigen Lebewesen als Nahrung dient. Tote Lebewesen verschwinden also nicht: Sie stehen für zersetzende und verrottende Organismen zur Verfügung, die in der Lage sind, die tote organische Materie zu verwerten, indem sie sie in anorganische Moleküle umwandeln (die von den Pflanzen genutzt werden)! Und von hier aus beginnt der endlose Kreislauf erneut ...

GLEICH UND DOCH VERSCHIEDEN

Sind alle Zellen gleich?

BISHER HABEN WIR NUR VON LEBENDEN ORGANISMEN GESPROCHEN, NUN WOLLEN WIR EINE KLEINE KLASSIFIZIERUNG VORNEHMEN. ES GIBT EINZELLIGE ORGANISMEN, DIE NUR AUS EINER EINZIGEN ZELLE BESTEHEN, UND MEHRZELLIGE ORGANISMEN, DIE AUS MEHREREN ZELLEN BESTEHEN. BAKTERIEN GEHÖREN ZUR ERSTEN GRUPPE, WÄHREND PFLANZEN, PILZE UND TIERE ZUR ZWEITEN GRUPPE GEHÖREN. »ABER SIND ALLE ZELLEN, AUS DENEN SICH MEHRZELLER ZUSAMMENSETZEN, GLEICH? IST DIE ZELLE, AUS DER EINER UNSERER ZÄHNE BESTEHT, DIESELBE WIE DIE, AUS DER UNSER HERZ BESTEHT? DIE ANTWORT IST EIN EINFACHES UND KLARES »NEIN!« ABER WARUM HABEN WIR DANN DAS KAPITEL »GLEICH UND DOCH VERSCHIEDEN« GENANNT?

Alle Zellen in unserem Körper enthalten im Zellkern dieselben DNA-Moleküle. Die Informationen, die ein **Neuron**, eine Nervenzelle, hat, ist haargenau die gleiche wie die, die in einer Zelle unseres Herzens enthalten ist. Die DNA enthält die Informationen, die eine Zelle zum Funktionieren bringen, aber auch alle Anweisungen, die sie dazu bringen, sich in einen bestimmten Zelltyp zu **differenzieren**. Das heißt, dass jede Zelle potenziell in der Lage ist, alles zu werden, was sie sein möchte. Aber irgendwann ist sie gezwungen, sich in einen bestimmten Zelltyp zu verwandeln. Dieser Umwandlungsprozess wird als **Zelldifferenzierung** bezeichnet.

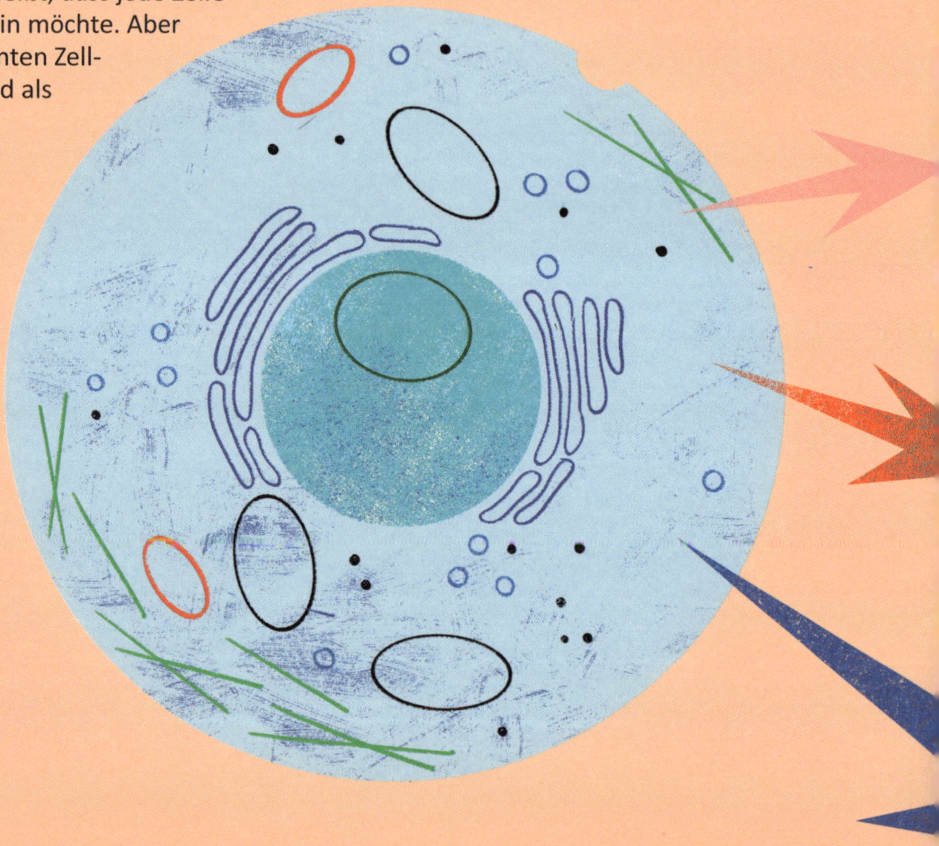

ZELLDIFFERENZIERUNG: Sie findet während der Zeit statt, die wir im Bauch unserer Mutter verbringen, wird jedoch in einigen Fällen erst bei der Geburt oder beim Heranwachsen abgeschlossen. Die Art und Weise, wie dieser Prozess abläuft, ist sehr einfach zu verstehen: In jedem Zelltyp wird nur eine bestimmte Anzahl von DNA-Genen aktiviert. Die eingeschalteten Gene dienen der Differenzierung der Zelle und bewirken, dass sie die Eigenschaften entwickelt, die sie zur Erfüllung ihrer Aufgabe benötigt. Was die Zellen unterscheidet, sind die externen chemischen Signale und die Signale, die sie von den sie umgebenden Zellen erhalten.

STRUKTUR UND FUNKTION: Die differenzierten Zellen unterscheiden sich sichtbar voneinander, und diese jeweils besondere Struktur dient dazu, ihre Funktion zu erfüllen ... Wie gesagt: Das Konzept wiederholt sich. So hat zum Beispiel ein rotes Blutkörperchen eine eingedellte Struktur, die ihr nützlich ist, um ihre Funktion als Sauerstoffträger zu erfüllen. Neuronen nehmen eine sehr gestreckte Struktur an, die ihnen zur Übertragung des elektrischen Reizes dient. Die Hautzelle wiederum nimmt eine abgeflachte Form an, um so viel Oberfläche wie möglich zu bedecken.

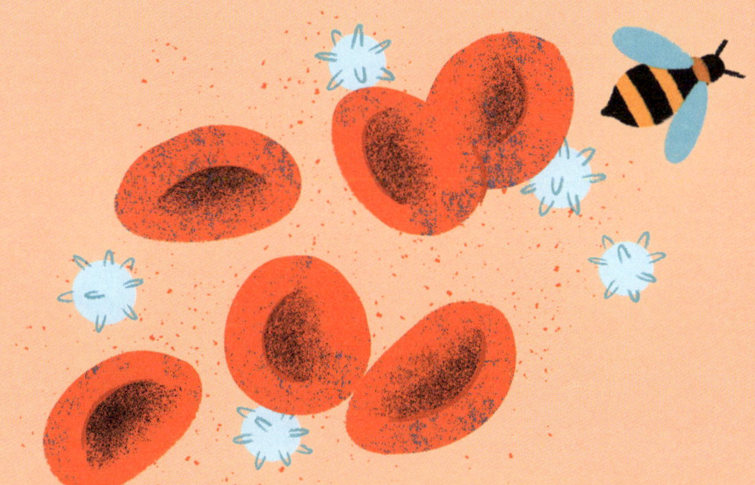

ROTE BLUTKÖRPERCHEN

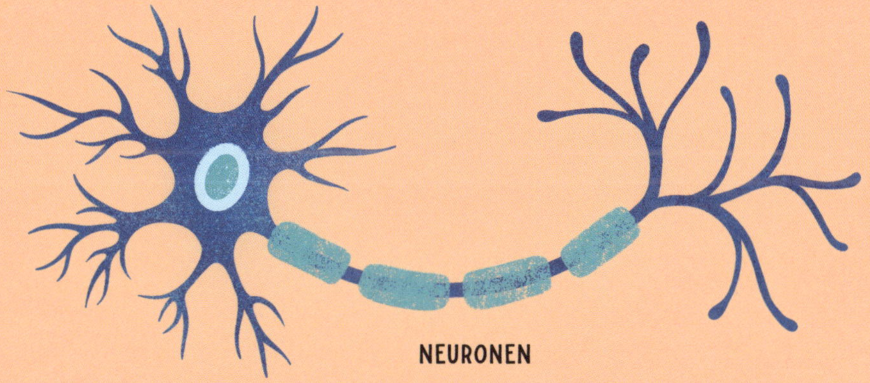

NEURONEN

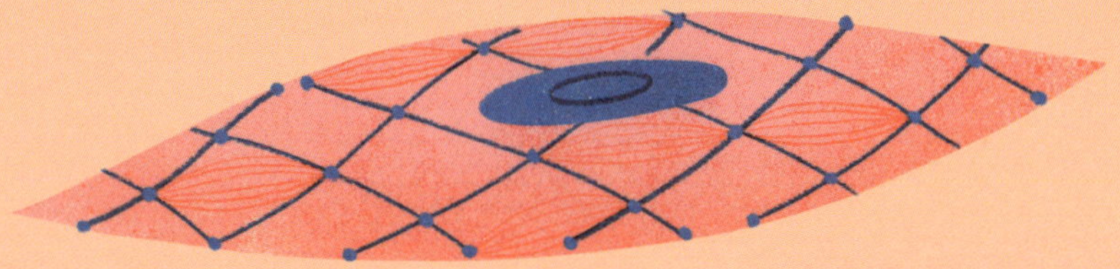

HAUTZELLE

WIE IM KLEINEN, SO IM GROSSEN

Ein mehrzelliger Organismus lässt sich gut erklären, wenn man die Organisation eines Bienenstocks betrachtet. Bienen leben in gut strukturierten Völkern, in denen jedes Individuum seine eigene Aufgabe hat, aber gleichzeitig perfekt mit der Arbeit des gesamten Volkes koordiniert ist. Diese Art der Organisation unterscheidet sich nicht sehr von der Struktur eines mehrzelligen Organismus. Und wo finden wir die Zelldifferenzierung? Bienen entwickeln sich aus befruchteten Eiern, die von der Bienenkönigin gelegt werden. Aus jedem Ei schlüpft eine Larve, die sich je nach äußeren Signalen und Fütterung zu einer Arbeitsbiene oder einer Bienenkönigin entwickelt. Wie die Zellen in unserem Körper wird jede Biene mit körperlichen Merkmalen geboren, um ihre Rolle in der Gesellschaft zu erfüllen. Ursprünglich enthält das Ei jedoch eine Larve, die sich entweder zur Königin oder zur Arbeiterin entwickeln kann, aber das ändert sich, wenn sie bestimmte äußere Reize erhält ... Konzepte, die wiederkehren, nicht wahr?

LEBEN IN GEMEINSCHAFT

Wie entsteht Gewebe?

ERLEDIGT DIE EINZELNE DIFFERENZIERTE ZELLE IHRE AUFGABE ALLEIN? NICHT WIRKLICH! ZELLEN ORGANISIEREN SICH IN GRUPPEN VON ZELLEN MIT ÄHNLICHEN MERKMALEN, DIE IN UNSEREM KÖRPER EINE BESTIMMTE FUNKTION ERFÜLLEN. DIESE GRUPPIERUNGEN VON SPEZIALISIERTEN ZELLEN WERDEN ALS GEWEBE BEZEICHNET UND BILDEN DIE GRUNDLAGE FÜR DIE STRUKTUR DES ORGANISMUS. WIR SIND AUS VIER HAUPTGEWEBETYPEN AUFGEBAUT: DECK- UND DRÜSENGEWEBE, MUSKELGEWEBE, BINDEGEWEBE UND NERVENGEWEBE.

MUSKELGEWEBE: Es besteht aus großen, spitz zulaufenden Zellen, die als **Muskelfasern** bezeichnet werden. Die Muskelfasern bilden, wie der Name schon sagt, die Muskeln und ermöglichen uns dank ihrer Fähigkeit, sich zusammenzuziehen, alle Bewegungen, die wir planen ... aber nicht nur! Sie sind auch für die Bewegungen verantwortlich, die uns nicht bewusst sind: für den Herzschlag, die Atmung, das Blinzeln der Augen ...

NERVENGEWEBE: Dieses besteht aus Zellen, die **Neuronen** genannt werden, und ihren Helferzellen. Vom Zellkörper einer Nervenzelle gehen lange, wie Fäden geformte Fortsätze aus. Durch diese werden Signale aus der äußeren Umgebung empfangen, welche sie verarbeiten und an den Rest des Körpers weiterleiten können.

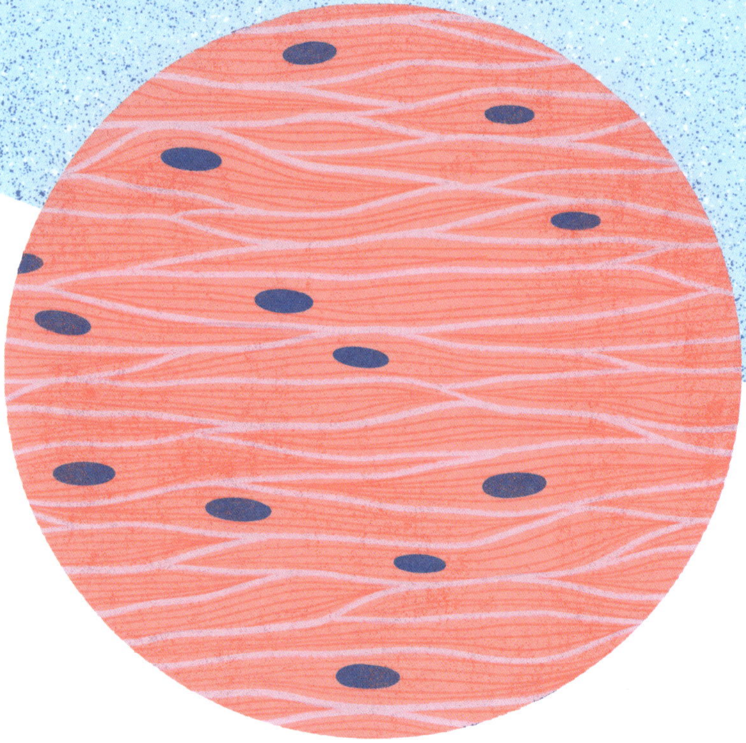

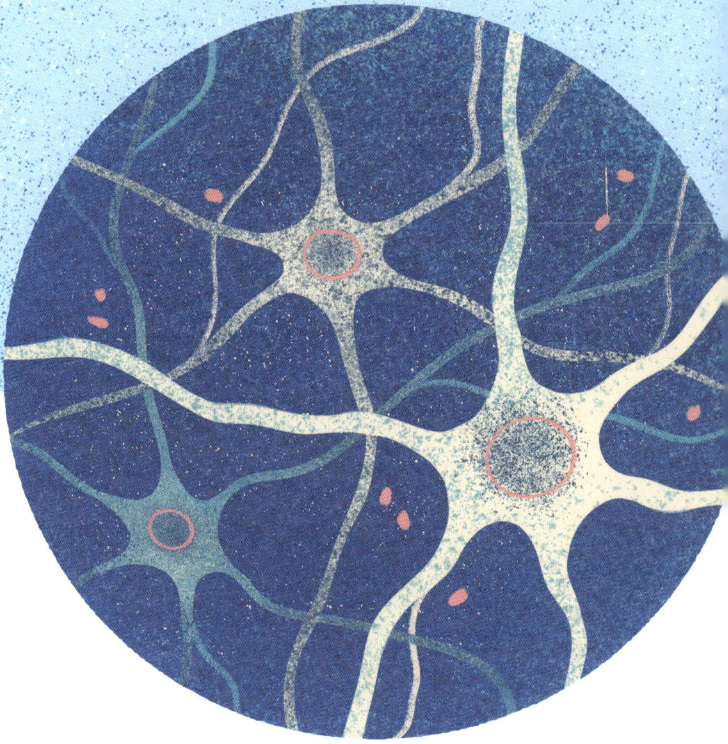

WIE IM KLEINEN, SO IM GROSSEN

Im letzten Kapitel haben wir differenzierte Zellen mit Bienen verglichen, die ein Volk bilden, wobei jede Biene ihre eigene Aufgabe zu erfüllen hat. Ein Bienenschwarm ist wie ein Ameisenhaufen, ein Termitenhügel und alle organisierten Tiergesellschaften nichts anderes als ein großer Organismus, ein Superorganismus! Jedes Individuum trägt zum Funktionieren der Gesellschaft bei, aber es tut dies nicht allein. Individuen, die die gleiche Aufgabe haben, sind in Gruppen organisiert. Wenn also der ganze Schwarm als Superorganismus betrachtet werden kann, können die Gruppen mit den Geweben verglichen werden, aus denen ein Individuum besteht!

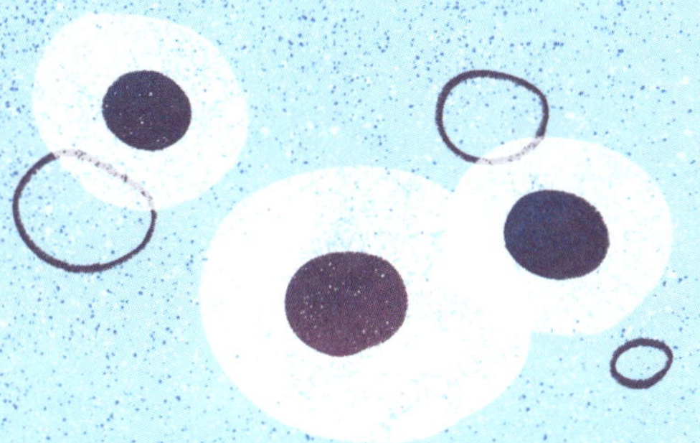

DECK– UND DRÜSENGEWEBE: Es besteht aus Zellen, die sehr eng beieinander liegen und durch Proteinstrukturen miteinander verbunden sind. Die so organisierten Zellen bilden eine Schutzschicht ... und genau das ist ihre Funktion: Schutz! Das Deck- und Drüsengewebe, auch Epithelgewebe genannt, bedeckt zum einen unseren gesamten Körper von außen, schützt ihn und vermittelt den Kontakt mit der äußeren Umgebung. Es bedeckt zum anderen die inneren Flächen in Form von Schleimhäuten in unseren Organen. Das Epithelgewebe bildet außerdem **Drüsen**, die für die Produktion und Freisetzung bestimmter Substanzen verantwortlich sind, die für unseren Organismus lebensnotwendig sind.

BINDEGEWEBE: Dieses besteht aus einer Vielzahl von Zellen, die unterschiedliche und vielfältige Dinge bilden. Zum Bindegewebe gehören Knochen, Sehnen, Knorpel, Fettgewebe und ... Blut: das einzige flüssige Gewebe in unserem Körper! Generell kann man sagen, dass das Bindegewebe eine Stoffwechsel-, Struktur- und Stützfunktion in unserem Körper hat. Aber erfüllen die Gewebe die verschiedenen Funktionen, die der Körper benötigt, im Alleingang? Nein! Mehrere Gewebe arbeiten zusammen, um Organe zu bilden, und mehrere Organe arbeiten zusammen, indem sie sich zu Systemen und Apparaten zusammenschließen.

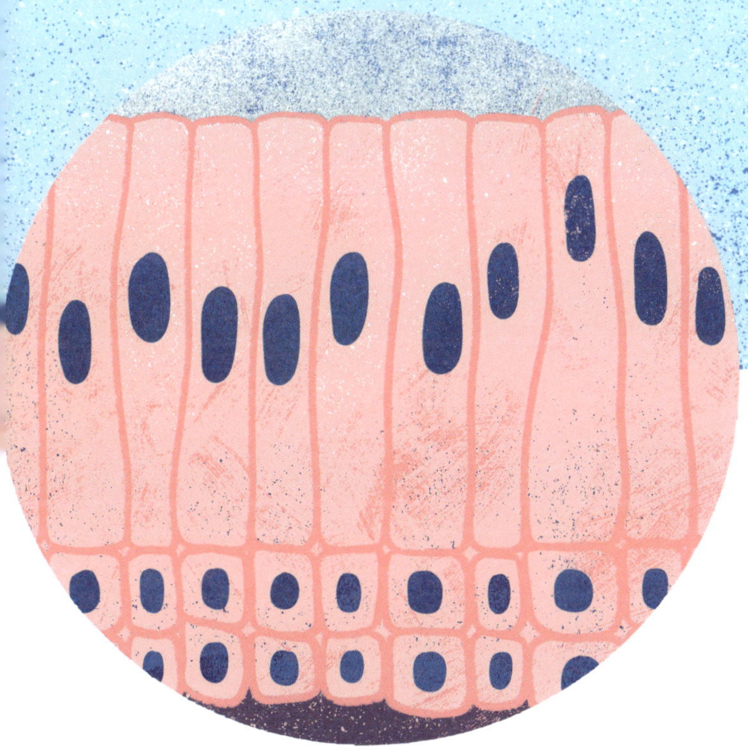

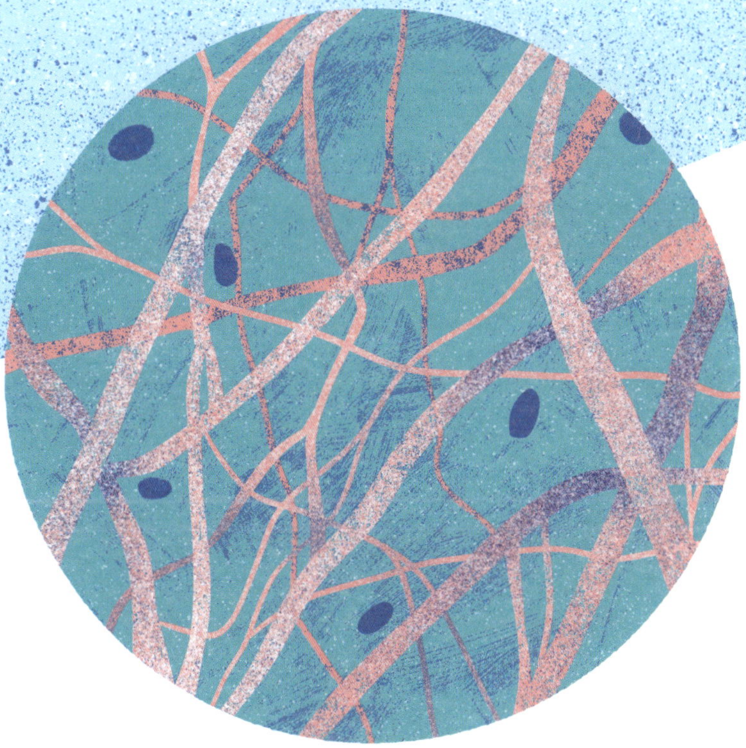

KOMMUNIKATION IST DIE GRUNDLAGE VON ALLEM: DIE BOTENSTOFFE

Wie werden Informationen zwischen Zellen übermittelt?

MAL ANGENOMMEN, WIR WÄREN TEIL EINES BASKETBALLTEAMS, DAS SICH ORGANISIEREN MUSS, UM EINE STRATEGIE FÜR DAS SPIEL ZU FINDEN. ABER WAS, WENN WIR NICHT SPRECHEN, NICHT SCHREIBEN, UNS NICHT MIT GESTEN AUSDRÜCKEN KÖNNTEN? WIE SOLLTEN WIR UNS DA KOORDINIEREN? ES WÄRE UNMÖGLICH! KOMMUNIKATION IST ENTSCHEIDEND! DAS GILT AUCH FÜR MEHRZELLIGE ORGANISMEN. DIE ZELLEN MÜSSEN »SPRECHEN«, UM SICH ZU ORGANISIEREN, UM INFORMATIONEN UND BIOLOGISCHES MATERIAL AUSZUTAUSCHEN. ABER WIE TUN SIE DAS? WIE ZELLEN INTERAGIEREN, KANN VON GEWEBE ZU GEWEBE UNTERSCHIEDLICH ODER AUCH BEI ALLEN GLEICH SEIN.

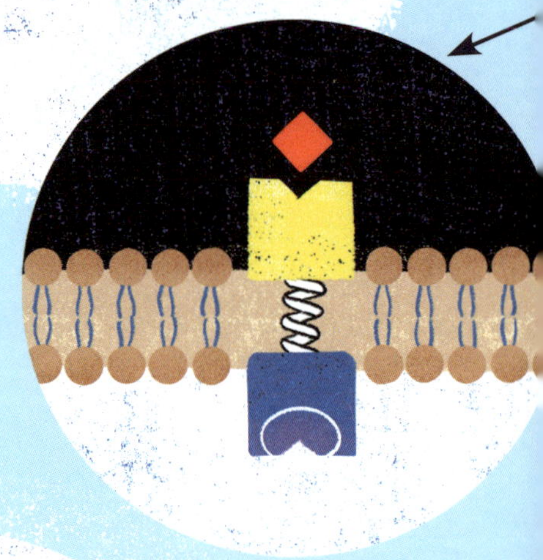

BOTENSTOFFE: Die Kommunikation kann von Zelle zu Zelle erfolgen, indem chemische Botenstoffe gesendet werden. Diese Art der Kommunikation funktioniert auch zwischen weit entfernten Zellen. Die Bedeutung der Nachricht hängt von ihrer Zusammensetzung ab und davon, wie sie von der empfangenden Zelle »übersetzt« wird.

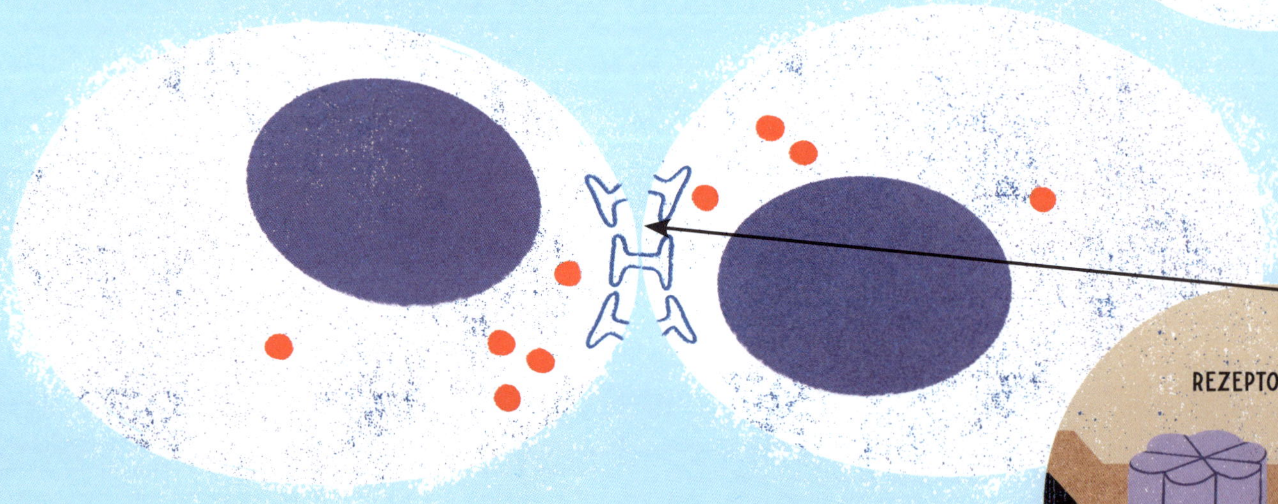

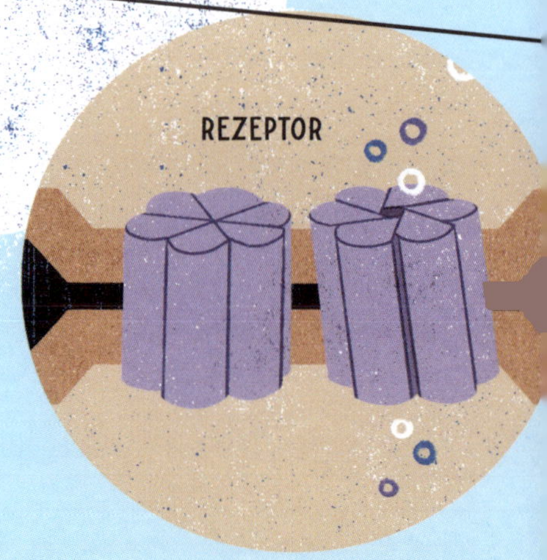

ARTEN DER KOMMUNIKATION:

Bei einem **autokrinen** Kommunikationsweg kann eine von einer Zelle freigesetzte Botschaft von derselben Zelle empfangen werden. Bei einer **parakrinen** Kommunikation hingegen werden Informationen an benachbarte Zellen weitergegeben. Von einem **endokrinen** Kommunikationsweg spricht man, wenn das Signal eine lange Strecke durch den Blutkreislauf zurücklegen muss, um die Empfängerzelle zu erreichen.

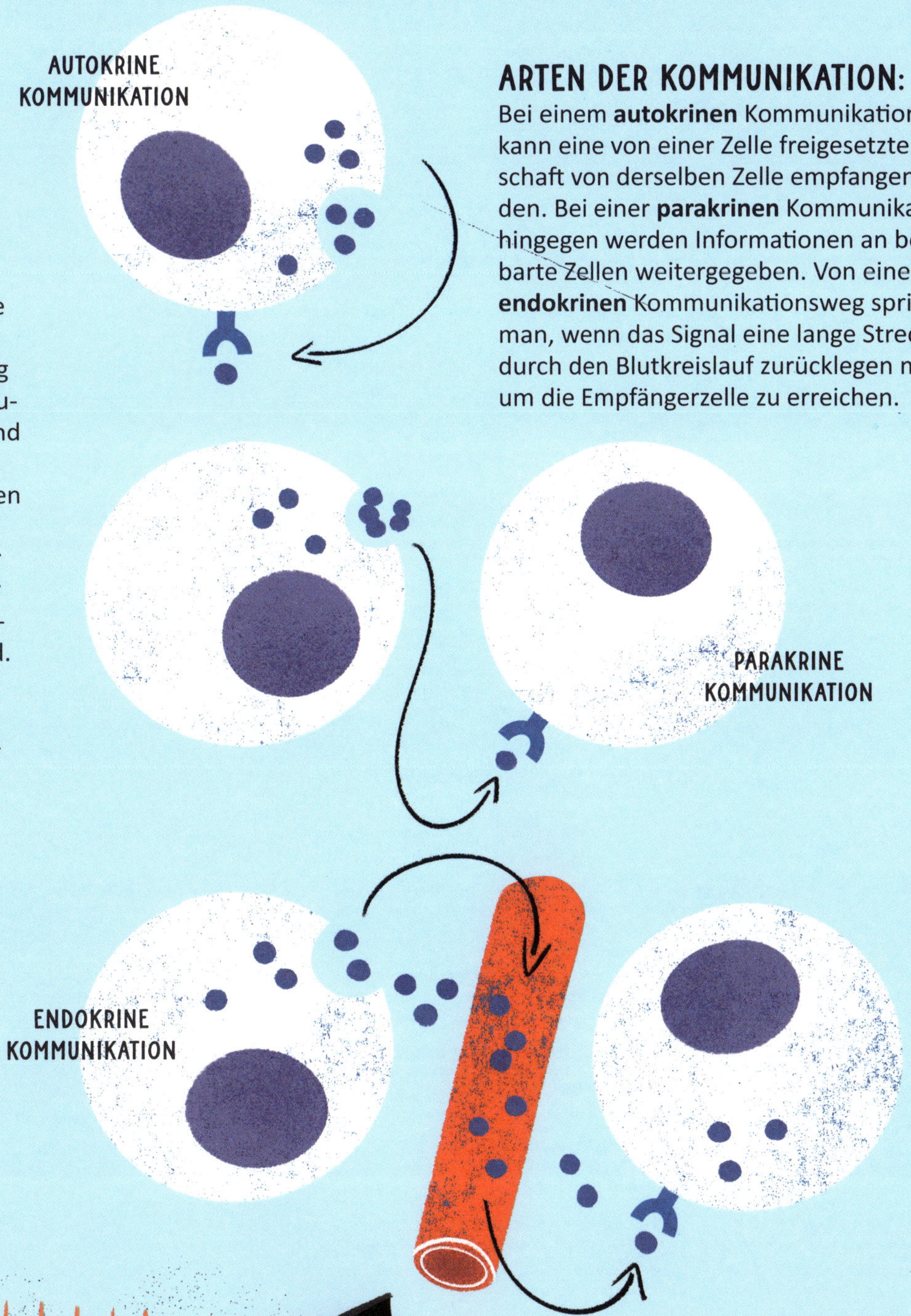

EMPFÄNGERZELLE: Die Zelle, die die Nachricht empfängt, muss in der Lage sein, sie zu übersetzen. Die Übersetzung erfolgt durch sogenannte Proteinstrukturen, die **Rezeptoren** genannt werden und sich an der Membran oder im Inneren der Zelle befinden können. Was zwischen dem Botenstoff und dem Rezeptor geschieht, ist ein bisschen, als würden wir einen Schlüssel ins Schloss stecken: Der Rezeptor reagiert nur, wenn ein passendes Signalmolekül an ihm befestigt wird. In diesem Fall handelt es sich jedoch nicht um das Öffnen einer Tür, sondern um eine **Signaltransduktion**, einen Prozess, bei dem die vom Botenstoff übermittelten Informationen zu zellulären Veränderungen führen.

SIGNALKNOTEN: Das sind eigentlich Kanäle, die das Zytoplasma zweier benachbarter Zellen direkt miteinander verbinden. Über diese Kanäle tauschen die Zellen sehr schnell Ionen und kleine Moleküle aus. Die Moleküle, aus denen die Signalknoten bestehen, setzen sich aus Proteinen zusammen. Sie sind vor allem im Herzmuskelgewebe und in Neuronen, den Zellen des Nervensystems, zu finden.

WIE IM KLEINEN, SO IM GROSSEN

Wir haben gesehen, dass die Kommunikation die Grundlage unserer Existenz ist: Mehrzellige Organismen könnten ohne sie definitiv nicht existieren! Was im Kleinen gilt, gilt wie immer auch im Großen. Wir können die Geräusche, die Tiere machen, leicht erkennen, bestimmte Haltungen interpretieren, die sie einnehmen, um ihre Stimmungen mitzuteilen. Andere Arten der Kommunikation sind jedoch schwieriger zu erkennen, weil sie sich unserer Wahrnehmung entziehen: Geruchsspuren, ultraviolettes Leuchten, Ultraschall – bis hin zu Formen der Kommunikation zwischen Organismen, die wir uns nicht einmal vorstellen können. Hast du gewusst, dass Pflanzen miteinander kommunizieren? Wir haben nicht übertrieben, als wir den Titel dieses Kapitels wählten: Kommunikation ist wirklich die Grundlage von allem!

WARUM WIR SIND, WIE WIR SIND: ANATOMIE ALS FUNKTION DER PHYSIOLOGIE

Wie funktioniert unser Körper?

WIR HABEN SCHON MEHRMALS GESEHEN, DASS DIE STRUKTUR VON LEBEWESEN ENG MIT IHRER FUNKTION ZUSAMMENHÄNGT: STRUKTUR UND FUNKTION SIND ZWEI KONZEPTE, DIE SICH GEGENSEITIG BEEINFLUSSEN. DIE ART UND WEISE, WIE EIN LEBEWESEN AUFGEBAUT IST, BESTIMMT SEINE FUNKTION. ABER GLEICHZEITIG ÄNDERT SICH AUCH DIE STRUKTUR SELBST, SIE IST ABHÄNGIG VON DEN PROZESSEN, DIE AN DER FUNKTION BETEILIGT SIND. KOMPLIZIERT? VEREINFACHT KANN MAN SAGEN, DASS FORM UND FUNKTION, OBWOHL SIE WIE ZWEI GEGENSÄTZLICHE KONZEPTE ERSCHEINEN MÖGEN, IN WIRKLICHKEIT ENG MITEINANDER VERBUNDEN SIND. SIE SIND DIE ZWEI SEITEN DERSELBEN MEDAILLE!

STRUKTUR UND FUNKTION: Solch komplizierten Konzepten sind wir bisher schon mehrmals begegnet. Denken wir zum Beispiel an die Zellen in unserem Körper: Um eine bestimmte Funktion zu erfüllen, nehmen sie durch den Prozess der Zelldifferenzierung eine bestimmte Struktur an. Aber nicht nur in den Zellen. Die Beziehung zwischen Struktur und Funktion findet sich in der gesamten Organisation eines lebenden Organismus wieder: von den Molekülen, aus denen die Zellen bestehen, über die Zellen selbst, die Gewebe, die Organe ... bis hin zu den Systemen und Apparaten.

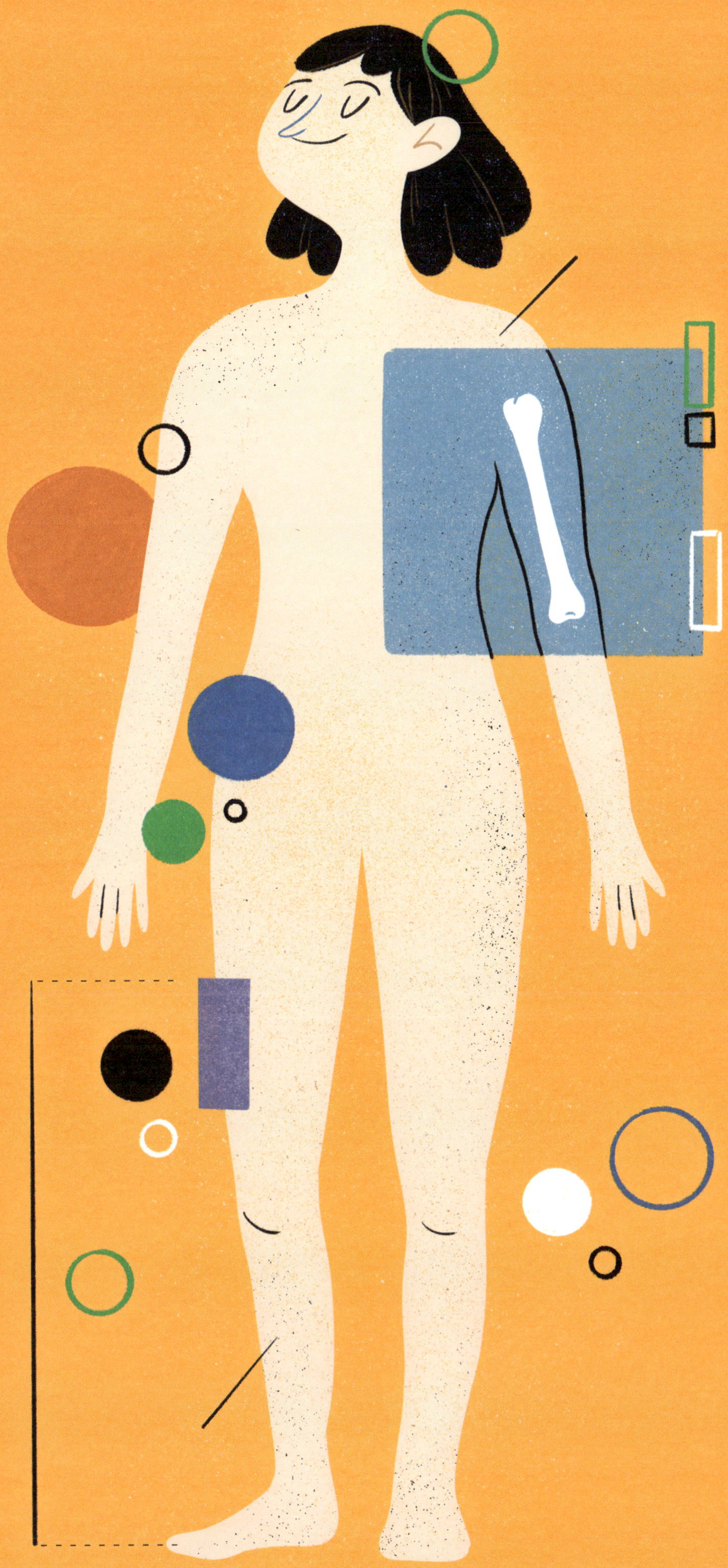

ANATOMIE: Die Biologie ist die Wissenschaft, die sich mit dem Leben befasst und alles erforscht, was mit Lebewesen zu tun hat. Der Teil der Biologie, der sich mit der Form und dem Aufbau von Organismen befasst, wird Anatomie genannt. Sie analysiert die **Struktur** und die **Beziehungen** zwischen allen Teilen, aus denen ein Lebewesen besteht. Ein gutes Beispiel dafür ist unser Skelett. Die Anatomie untersucht, aus welchen Knochen es besteht und wie sie miteinander verbunden sind ... jetzt wird alles schon ein bisschen klarer, nicht wahr?

PHYSIOLOGIE: Die Disziplin, die sich mit der **Funktionsweise** von Organismen beschäftigt, heißt Physiologie. Sie untersucht also die Funktion der einzelnen Teile, aus denen Organismen bestehen. Um auf unser Beispiel des Skeletts zurückzukommen: Die Physiologie untersucht die Funktionsweise des Skeletts und beantwortet die Fragen »Wie stehen wir? Wie gehen wir?« Dazu wird die Beziehung zwischen den Muskeln und den Knochen analysiert, und nicht nur das. In den nächsten Kapiteln werden wir speziell die Struktur unseres Körpers und seine Funktionsweise untersuchen. Wir werden endlich verstehen, warum wir so gebaut sind, wie wir sind! Zu diesem Zweck verwenden wir sowohl den anatomischen als auch den physiologischen Ansatz: zwei Seiten derselben Medaille!

UNSICHTBARES NETZWERK: DAS NERVENSYSTEM

Wie werden unsere Körperfunktionen reguliert?

DAS NERVENSYSTEM STEUERT UNSERE KÖRPERFUNKTIONEN. ABER WAS IST DAS »NERVENSYSTEM« EIGENTLICH? VIELLEICHT IST UNS DIESER BEGRIFF NICHT GELÄUFIG, WEIL WIR ES GEWOHNT SIND, DAS WORT »GEHIRN« ZU VERWENDEN, ABER DAS IST NICHT DASSELBE! SEHEN WIR UNS GEMEINSAM AN, WARUM: DAS NERVENSYSTEM IST DIE GESAMTHEIT DER ORGANE UND STRUKTUREN, DIE JEDEN TEIL UNSERES KÖRPERS KOORDINIEREN. JEDE UNSERER HANDLUNGEN, OB FREIWILLIG WIE DAS GEHEN ODER UNFREIWILLIG WIE DER HERZSCHLAG, HÄNGT DAVON AB. ES ERMÖGLICHT UNS, MIT DER AUSSENWELT IN VERBINDUNG ZU TRETEN: SOGAR UNSERE AUGEN, OHREN UND DIE NASE SIND TEIL DAVON!

DENDRITEN: Diese Zellfortsätze empfangen Informationen, die verarbeitet und dann über das **Axon** an andere Neuronen »zurückgeschickt« werden. Die Informationen werden in Form eines **elektrochemischen Impulses** weitergeleitet. Man könnte das Axon mit einem Stromkabel vergleichen: Der elektrochemische Impuls wandert durch das Axon wie der Strom in Elektrokabeln.

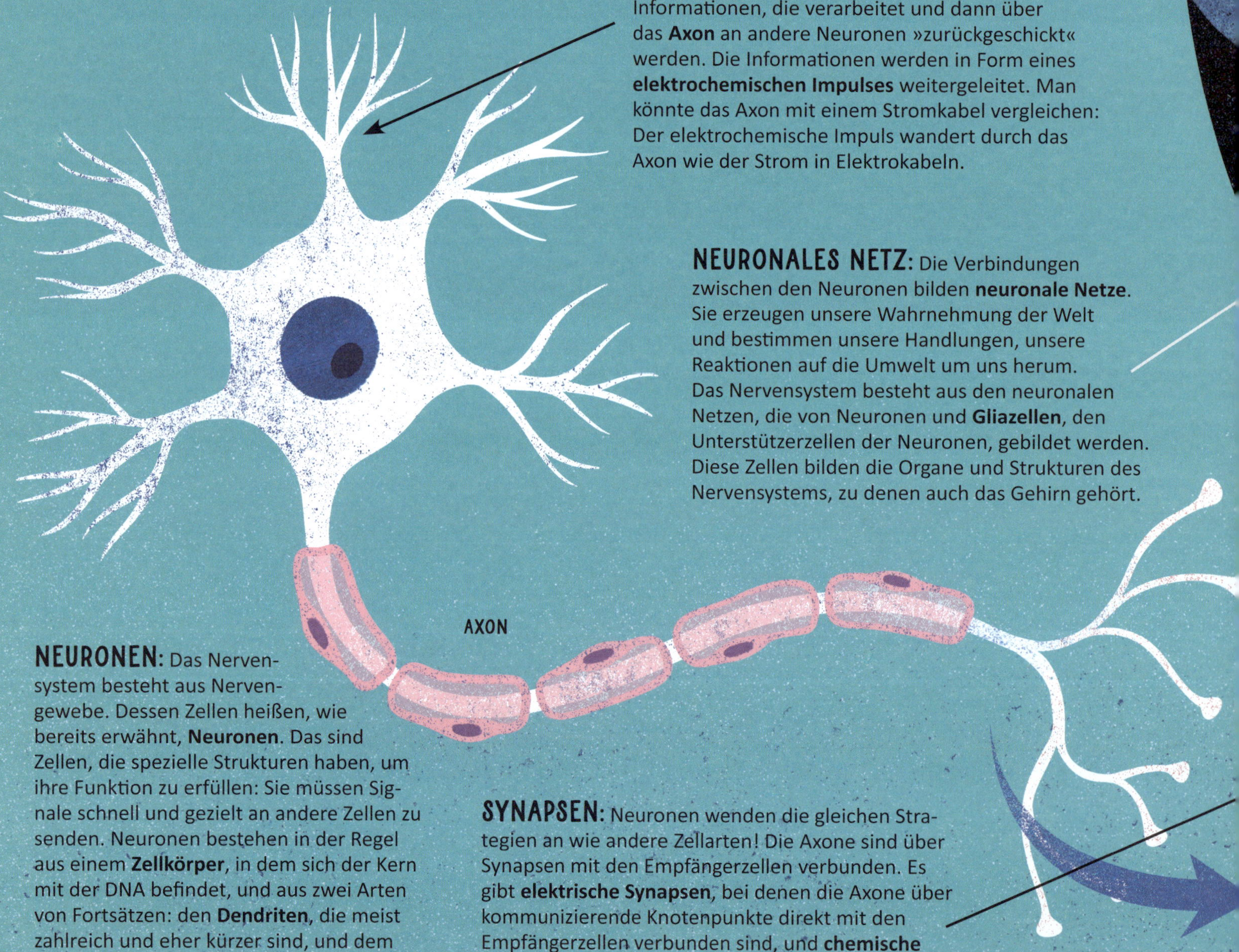

NEURONALES NETZ: Die Verbindungen zwischen den Neuronen bilden **neuronale Netze**. Sie erzeugen unsere Wahrnehmung der Welt und bestimmen unsere Handlungen, unsere Reaktionen auf die Umwelt um uns herum. Das Nervensystem besteht aus den neuronalen Netzen, die von Neuronen und **Gliazellen**, den Unterstützerzellen der Neuronen, gebildet werden. Diese Zellen bilden die Organe und Strukturen des Nervensystems, zu denen auch das Gehirn gehört.

NEURONEN: Das Nervensystem besteht aus Nervengewebe. Dessen Zellen heißen, wie bereits erwähnt, **Neuronen**. Das sind Zellen, die spezielle Strukturen haben, um ihre Funktion zu erfüllen: Sie müssen Signale schnell und gezielt an andere Zellen zu senden. Neuronen bestehen in der Regel aus einem **Zellkörper**, in dem sich der Kern mit der DNA befindet, und aus zwei Arten von Fortsätzen: den **Dendriten**, die meist zahlreich und eher kürzer sind, und dem **Axon**, das einzeln auftritt und sehr lang sein kann. Das längste Axon in unserem Körper misst sogar mehr als einen Meter!

SYNAPSEN: Neuronen wenden die gleichen Strategien an wie andere Zellarten! Die Axone sind über Synapsen mit den Empfängerzellen verbunden. Es gibt **elektrische Synapsen**, bei denen die Axone über kommunizierende Knotenpunkte direkt mit den Empfängerzellen verbunden sind, und **chemische Synapsen**, bei denen die Botschaft durch die Freisetzung von chemischen Botenstoffen, den **Neurotransmittern**, übersetzt wird.

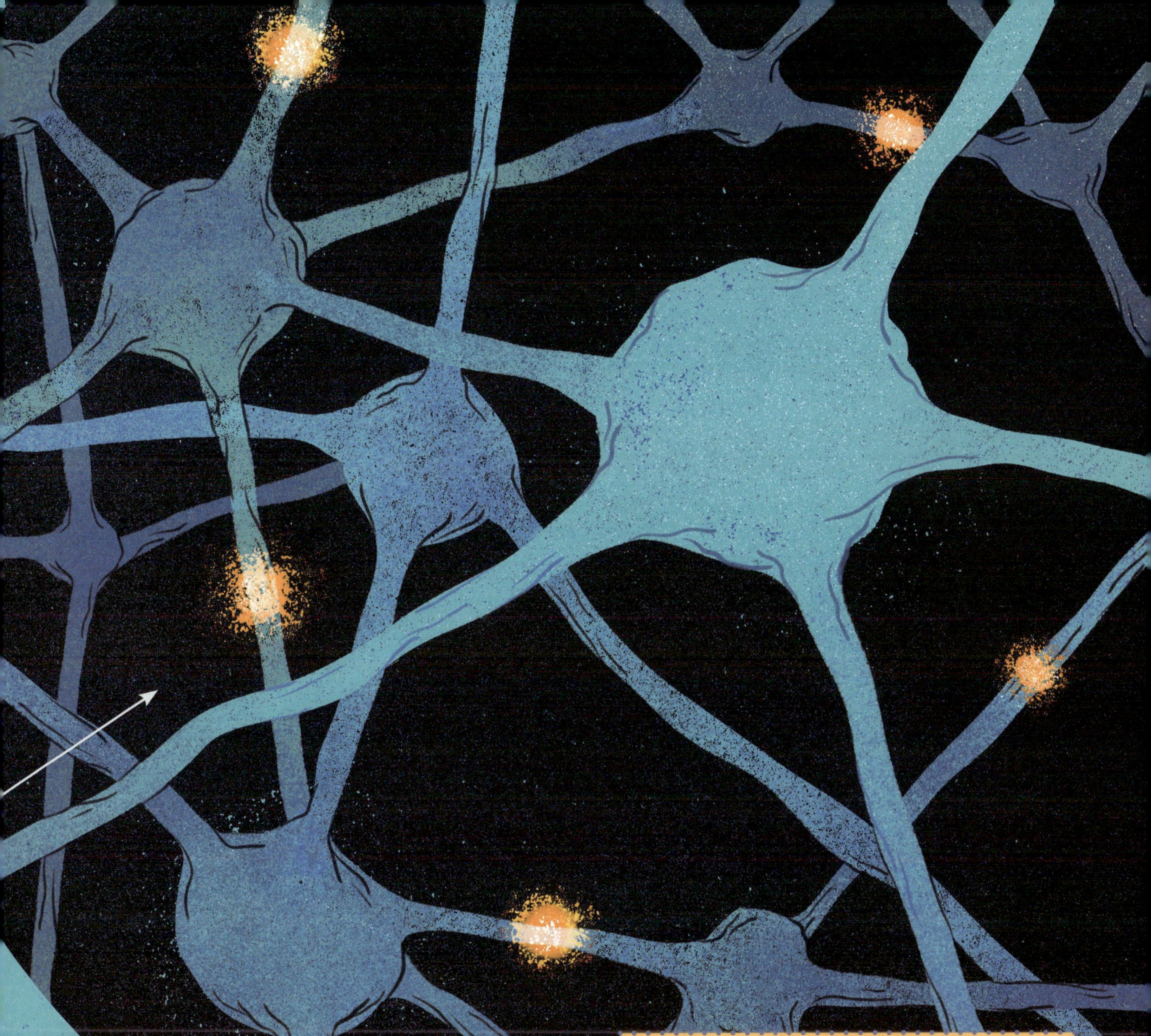

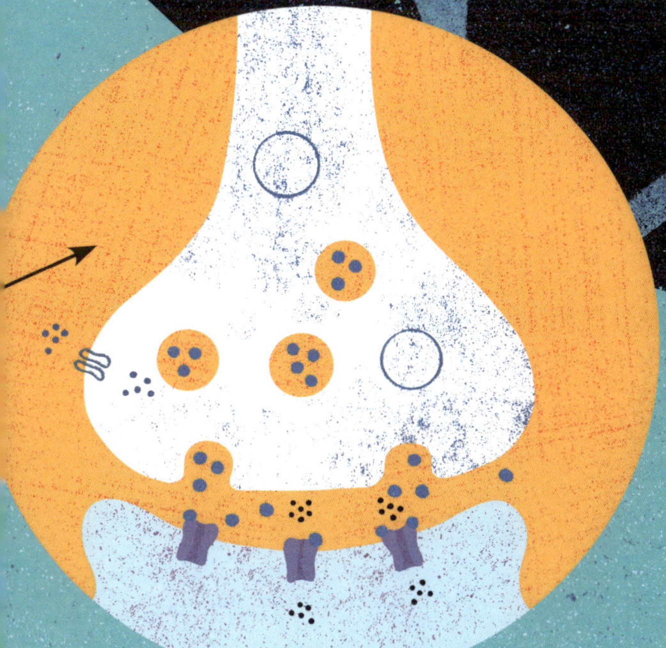

WIE IM KLEINEN, SO IM GROSSEN!

Neuronen sind nicht die einzigen Elemente, die ein dichtes Kommunikationsnetz bilden. Wie gesagt: Auch zwischen Pflanzen gibt es eine Kommunikation. Auch sie sind eng miteinander verbunden und können sowohl Signale als auch Nährstoffe austauschen! Dieses dichte Netz befindet sich unterirdisch zwischen den Wurzeln der Pflanzen. Die Wurzeln sind durch Pilze verbunden, die **Mykorrhizen** bilden, Verbindungen zwischen Pilzen und Pflanzen. Die Pflanze »schenkt« dem Pilz Zucker, der durch Fotosynthese entsteht. Der Pilz wiederum liefert der Pflanze Mineralsalze und Stickstoffverbindungen, die für Pflanzen lebenswichtig sind. Die Pilze im Boden nehmen eine fadenförmige Struktur an, die sich über Kilometer erstreckt und selbst weit voneinander entfernte Pflanzen miteinander verbindet. Dieses unterirdische Netzwerk erinnert ein wenig an unser neuronales System.

WIE EINE BIENENKÖNIGIN: DAS GEHIRN

Wie funktioniert die Kommandozentrale?

DAS GEHIRN IST NICHT DER EINZIGE BESTANDTEIL DES NERVENSYSTEMS, ABER SICHERLICH EINER DER WICHTIGSTEN, WENN NICHT SOGAR DER WICHTIGSTE! WIR WISSEN, WIE UNSER GEHIRN AUSSIEHT UND WO ES SICH BEFINDET, ABER WAS WISSEN WIR ÜBER DAS RESTLICHE NERVENSYSTEM? DAS DICHTE NETZ AUS NEURONEN IST IM GANZEN KÖRPER VORHANDEN: VON DEN ZEHENSPITZEN BIS ZUM SCHEITEL. ÜBER DIESE VERBINDUNGEN KOORDINIERT DAS NERVENSYSTEM UNSEREN ORGANISMUS UND SORGT DAFÜR, DASS WIR MIT DER ÄUSSEREN UMGEBUNG INTERAGIEREN UND UNSERE UMGEBUNG WAHRNEHMEN. DAS DAFÜR VERANTWORTLICHE ORGAN IST DAS GEHIRN. ABER WIE MACHT ES DAS? DAS NERVENSYSTEM IST IN ZWEI HAUPTBEREICHE UNTERTEILT: DAS ZENTRALE NERVENSYSTEM UND DAS PERIPHERE NERVENSYSTEM.

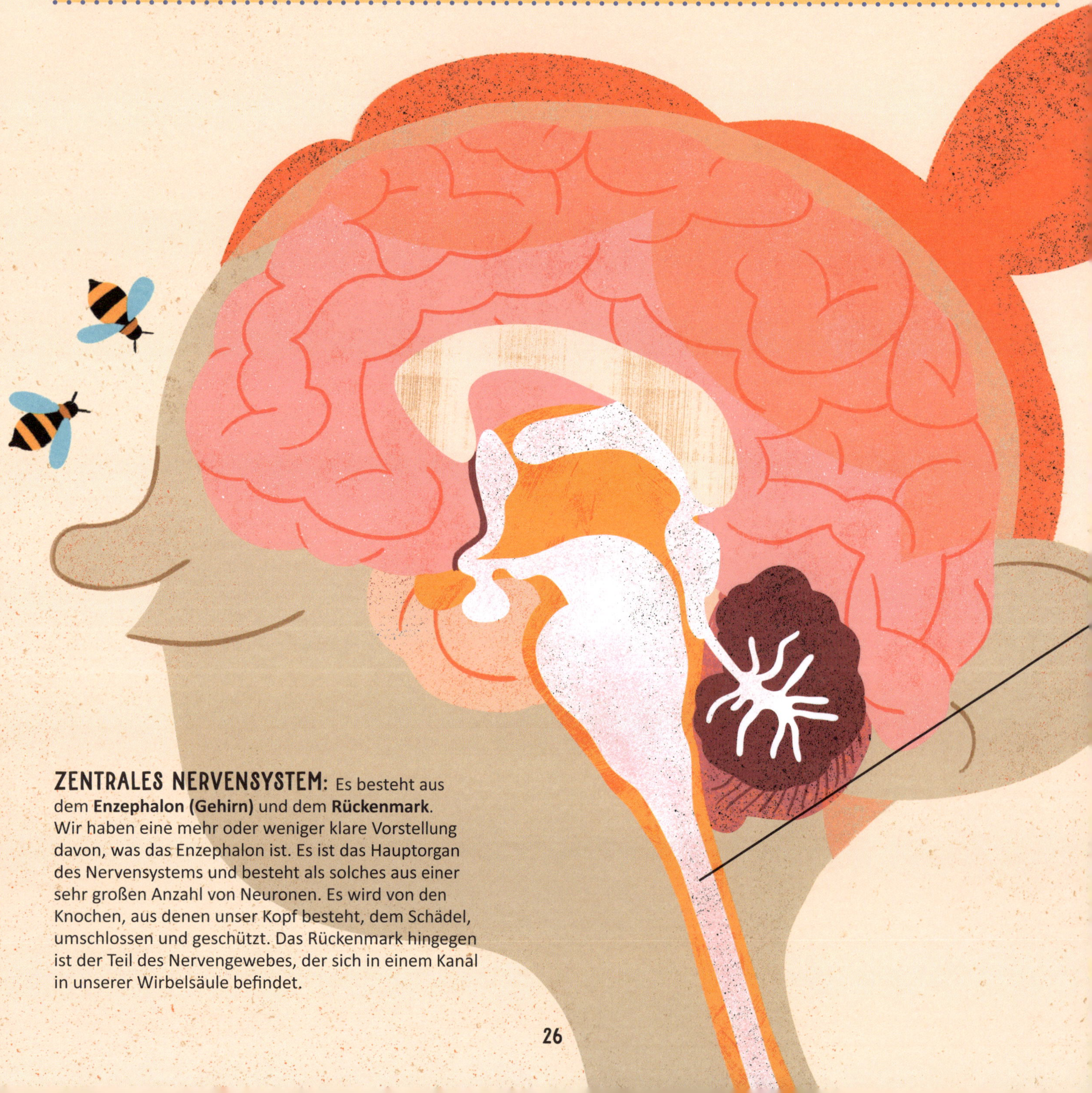

ZENTRALES NERVENSYSTEM: Es besteht aus dem **Enzephalon (Gehirn)** und dem **Rückenmark**. Wir haben eine mehr oder weniger klare Vorstellung davon, was das Enzephalon ist. Es ist das Hauptorgan des Nervensystems und besteht als solches aus einer sehr großen Anzahl von Neuronen. Es wird von den Knochen, aus denen unser Kopf besteht, dem Schädel, umschlossen und geschützt. Das Rückenmark hingegen ist der Teil des Nervengewebes, der sich in einem Kanal in unserer Wirbelsäule befindet.

Das zentrale Nervensystem empfängt Informationen aus der äußeren und inneren Umgebung und ist in der Lage, diese zu den am besten geeigneten Reaktionen zu verarbeiten. Ein konkretes Beispiel: Wir sind zu Fuß unterwegs und stoßen plötzlich auf ein Hindernis. In kürzester Zeit registrieren wir das Vorhandensein des Hindernisses, und diese Information erreicht das Gehirn. Es entwickelt eine Reaktion und gibt sie an die Muskeln weiter. Die setzen sie in die Tat um: »Geh um das Hindernis herum!«

Dies geschieht auch mit Informationen aus unserem Inneren. Wenn wir zum Beispiel den Sauerstoffgehalt in unserem Körper senken, erreicht diese Information das Gehirn, das daraufhin mit einer Erhöhung der Herzfrequenz reagiert. Auf diese Weise erhöht sich die Durchblutung und damit auch der Sauerstoffgehalt. Es sind nämlich die roten Blutkörperchen, die den Sauerstoff zu allen anderen Geweben transportieren!

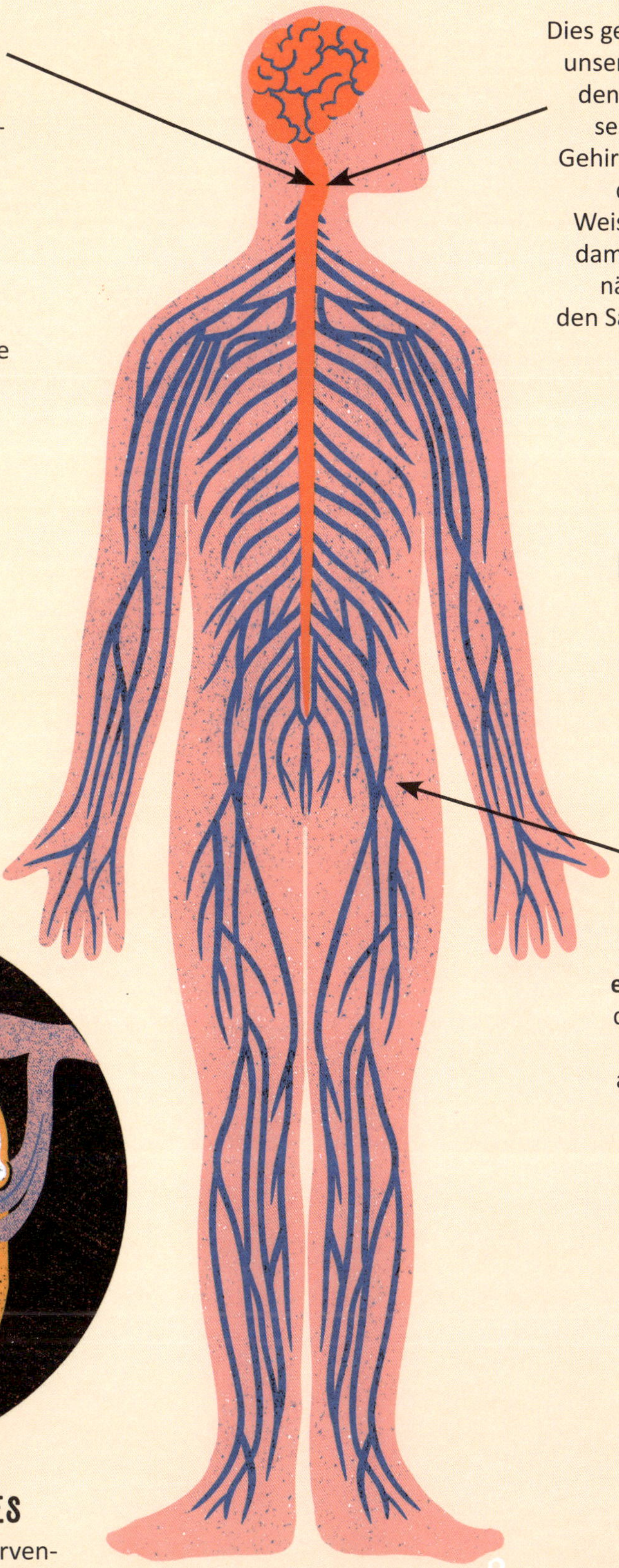

PERIPHERES NERVENSYSTEM: Aber wie gelangen die Informationen zum zentralen Nervensystem? Die Signale werden über den Teil des Nervensystems, der außerhalb des Gehirns und des Rückenmarks liegt – das periphere Nervensystem – weitergeleitet: Die aus Nerven bestehenden langen Faserbündel, verbinden das zentrale Nervensystem mit jedem anderen Teil des Körpers. Es gibt zwei Arten von Nerven: **afferente** Nerven und **efferente** Nerven. Informationen aus der äußeren und inneren Umgebung werden über die afferenten Nerven an das Gehirn weitergeleitet, das sie verarbeitet. Die Antworten werden dann über die efferenten Nerven an die Muskeln gesendet, die die Botschaft in Aktion umsetzen!

VEGETATIVES UND SOMATISCHES NERVENSYSTEM: Das periphere Nervensystem wird wiederum in ein vegetatives und ein somatisches Nervensystem unterteilt. Das **somatische** Nervensystem regelt alle Handlungen, die wir freiwillig ausführen: gehen, schreiben, sprechen, während das **vegetative** Nervensystem Handlungen steuert, die uns nicht bewusst sind: atmen, blinzeln, Herzschlag …

WIE IM KLEINEN, SO IM GROSSEN

Wie das zentrale Nervensystem die Aktivität des Organismus koordiniert, so steuert die Bienenkönigin die Aktivität des gesamten Bienenvolkes. Während das Gehirn und das Rückenmark sich über die Sprache des Nervensystems koordinieren, das aus elektrochemischen Impulsen besteht, gibt die Bienenkönigin sogenannte Pheromone ab: Chemikalien, die in der Lage sind, die Aktivität der Arbeitsbienen zu koordinieren und zu kontrollieren. Die Pheromone bestimmen zum Beispiel, dass Arbeitsbienen sich nicht fortpflanzen können, oder ihr Verhalten gegenüber der Brut und neuen Königinnen.

WIE ARBEITSBIENEN: DIE MUSKELN

Warum können wir laufen, gehen und fluchen?

IM LAUFE UNSERES TAGES UNTERNEHMEN WIR VIELE DINGE: WIR RENNEN, WIR UMARMEN EINANDER, WIR KLETTERN, WIR FAHREN RAD ... WIR SIND STÄNDIG IN BEWEGUNG! ABER WIR BEWEGEN UNS AUCH DANN, WENN WIR SCHEINBAR NICHTS TUN. SELBST WENN WIR UNS DESSEN NICHT BEWUSST SIND, ATMEN WIR WEITER, WIR BLINZELN WEITER UND UNSER HERZ SCHLÄGT WEITER, WARUM? WIR SIND IN DER LAGE, ALL DIESE HANDLUNGEN DANK UNSERER MUSKELN, DEN ORGANEN DER BEWEGUNG, AUSZUFÜHREN.

Um zu verstehen, wie es bestimmten Organen gelingt, ihre Funktion zu erfüllen, müssen wir, wie bisher, die Struktur analysieren! Wir haben bereits erwähnt, dass Muskeln durch Muskelgewebe gebildet werden. Das Muskelgewebe wiederum besteht aus Zellfasern, die sich zusammenziehen und ausdehnen können. Bisher alles ganz einfach, aber beim genauen Hinschauen wird es, wie so oft, komplizierter: Das Muskelgewebe wird nämlich weiter unterteilt in **glattes Muskelgewebe, Skelett- und Herzmuskelgewebe**, die sich in ihren Eigenschaften voneinander unterscheiden.

WIE IM KLEINEN, SO IM GROSSEN

Wenn das Nervensystem mit der Bienenkönigin und ihren Pheromonen verglichen werden kann, wer entspricht dann den Muskeln? Die Arbeitsbienen natürlich! Sie setzen die von der Königin gesendeten Informationen in die Tat um. Sie sind für die Ordnung und Organisation des Bienenstocks verantwortlich. Pheromone können die Bienen zum Handeln veranlassen oder ihr Verhalten hemmen, je nach den Bedürfnissen des Bienenvolkes.

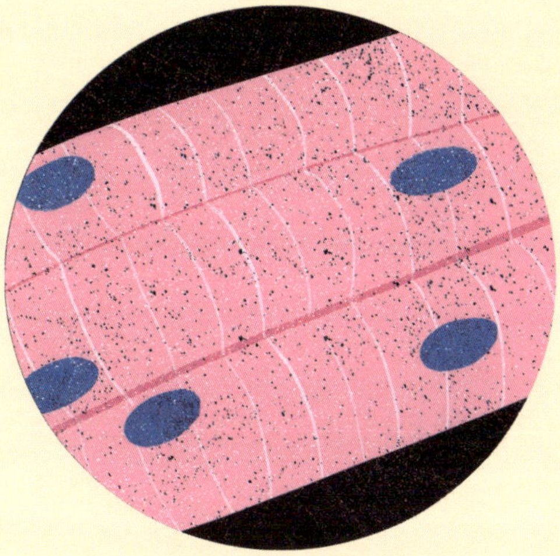

SKELETTMUSKELGEWEBE

SKELETTMUSKELGEWEBE: Es ist, wie der Name schon sagt, mit den Knochen, mit unserem Skelett verbunden. Skelettmuskeln sind die Muskeln, die wir bewusst steuern, um alle unsere täglichen Handlungen auszuführen: gehen, laufen, schreiben ... Das Skelettmuskelgewebe besteht aus sehr großen Muskelfasern, die eine Besonderheit aufweisen: Sie haben zahlreiche Kerne. Das ist in der Tat seltsam, denn wir haben ja gelernt, dass Zellen normalerweise nur einen Kern haben! Dies geschieht, weil die Muskelfasern das Produkt der Vereinigung mehrerer Zellen sind. Dieser Vorgang findet bereits während unserer Entwicklung im Bauch der Mutter statt. Im Inneren der Skelettmuskelfasern befinden sich die sogenannten Myofilamente, das sind die fadengörmigen Proteine, die es dem Muskelgewebe ermöglichen, sich zusammenzuziehen. Sie sind in der Zellfaser fein säuberlich parallel zueinander angeordnet, und dieses Merkmal lässt sich unter dem Mikroskop beobachten: Die Muskelfasern haben ein gestreiftes Aussehen. Es ist kein Zufall, dass das Skelettmuskelgewebe auch als »quergestreiftes Muskelgewebe« bezeichnet wird!

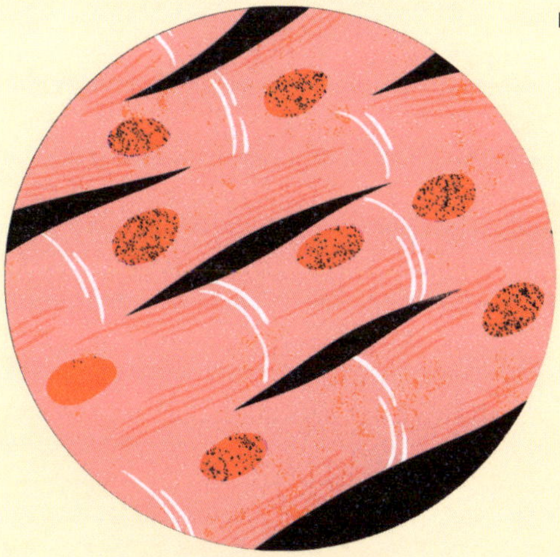

GLATTES MUSKELGEWEBE

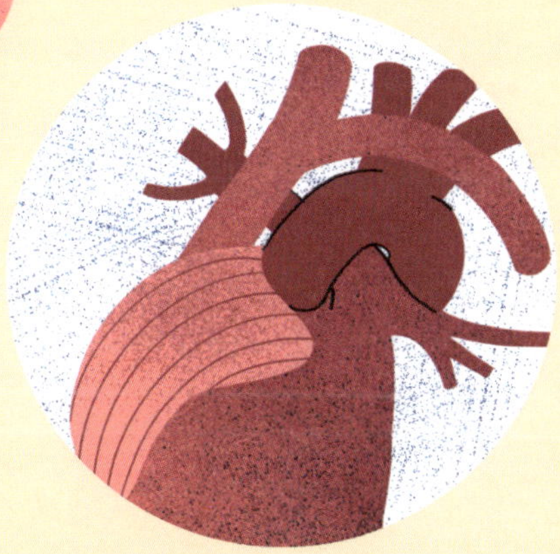

HERZMUSKELGEWEBE

HERZMUSKELGEWEBE: Es bildet nur unser Herz. Das ebenfalls quergestreifte Muskelgewebe ist sehr speziell. Zunächst einmal ist seine Kontraktion unwillkürlich: Wir können den Schlag unseres Herzens nicht direkt steuern. Das Herz schlägt immer, egal ob wir wach sind oder schlafen. Außerdem haben die Herzmuskelfasern nur einen Kern, aber genau wie Skelettmuskelgewebe sind die Muskelfasern fein säuberlich angeordnet. Die Herzzellen sind durch Verbindungsknoten direkt miteinander verbunden.

GLATTES MUSKELGEWEBE: Es zieht sich unwillkürlich zusammen und ist in der Wand der Blutgefäße vorhanden. Es reguliert den Blutdruck und befindet sich in der Wand von Hohlorganen. So findet man es zum Beispiel im Magen und im Darm, wo es an den Verdauungsbewegungen beteiligt ist und die Nahrung nach unten »schiebt«. Die Muskelfasern, aus denen es besteht, haben nur einen Kern, und die sogenannten Myofilamente, die ihm die Kontraktion ermöglichen, sind in den Zellen ungeordnet angeordnet.

MUSKELKONTRAKTION: Abgesehen vom Herzen, das eine große Ausnahme darstellt, wird die gesamte Muskelkontraktion auf der Ebene der Nerven gesteuert. Dieses System erarbeitet nach Erhalt von Informationen Antworten, die von den Muskeln in die Tat umgesetzt werden: Die Muskeln ziehen sich zusammen. Beim Herzgewebe hingegen verhält es sich anders. Zwar wird es auch vom Nervensystem kontrolliert, das entscheiden kann, ob es die Schlagfrequenz erhöht oder verringert. Aber seine kontinuierliche und rhythmische Aktivität wird autonom von den Muskelfasern erzeugt, aus denen das Herz selbst besteht.

UNSER BESTER HALT – VON INNEN: DAS SKELETT

Wie können wir aufrecht stehen?

HABEN WIR UNS DAS JEMALS GEFRAGT? ES IST SO NATÜRLICH, DASS MAN ES FAST FÜR SELBSTVERSTÄNDLICH HÄLT, ABER IN WIRKLICHKEIT IST ES NICHT SO OFFENSICHTLICH. BETRACHTEN WIR MAL MEERESSCHWÄMME, REGENWÜRMER ODER WEICHTIERE … KÖNNEN SIE AUFRECHT STEHEN? NATÜRLICH NICHT, ABER WAS UNTERSCHEIDET SIE VON UNS? WIR MENSCHEN GEHÖREN ZU DER GRUPPE VON TIEREN, DIE EINE INNERE STÜTZSTRUKTUR HABEN, EIN SKELETT. ABER DAS SKELETT BESTEHT NICHT NUR AUS KNOCHEN, WIE WIR MEIST ANNEHMEN. AN DER STÜTZUNG UNSERES GESAMTEN KÖRPERS SIND AUCH KNORPEL UND GELENKE BETEILIGT, DIE WIR UNS NUN GENAUER ANSEHEN WERDEN.

SKELETT: Unser inneres Gerüst wird von Knochen gebildet. Stell dir vor, wir haben bis zu 212 davon! Knochen sind Organe, die aus Bindegewebe bestehen, das wiederum aus Zellen gebildet wird, die in eine bestimmte Substanz eingebettet sind. Diese Substanz wird als **extrazelluläre** Matrix bezeichnet und besteht aus Proteinen, die für Elastizität und Festigkeit sorgen, außerdem aus Mineralsalzen, die den Knochen ihre bekannte Härte verleihen.

APPENDIKULARSKELETT: Es besteht aus den Knochen, die unsere **unteren Gliedmaßen**, die Beine, und die **oberen Gliedmaßen**, die Arme, bilden. Auch die knöchernen Strukturen gehören dazu, die das Axialskelett mit dem Appendikularskelett verbinden: die **Beckenknochen** und die **Schulterblätter**.

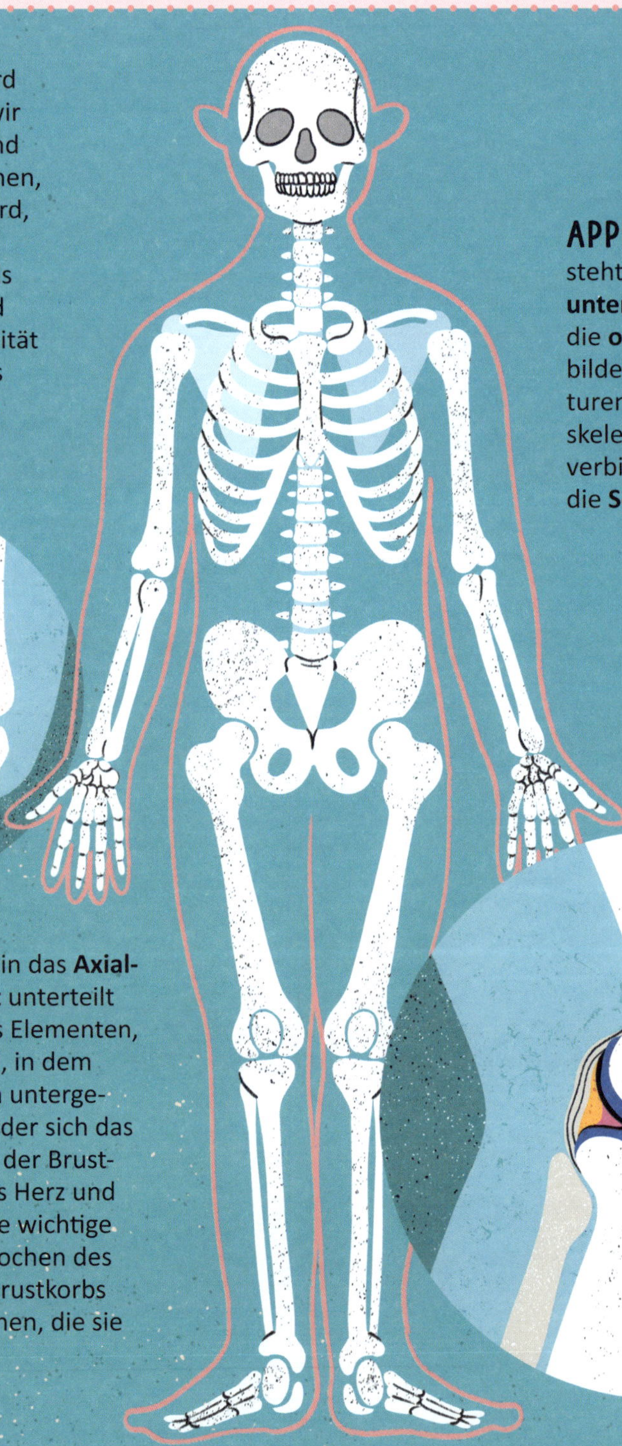

KNIEGELENK

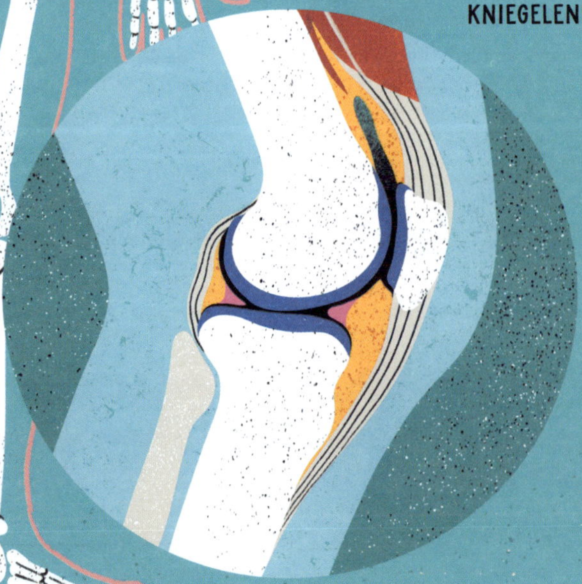

AXIALSKELETT: Das Skelett kann in das **Axialskelett** und das **Appendikularskelett** unterteilt werden. Das Axialskelett besteht aus Elementen, die wir bereits kennen: dem Schädel, in dem das Gehirn und die Gesichtsknochen untergebracht sind, und der Wirbelsäule, in der sich das Rückenmark befindet. Hinzu kommt der Brustkorb, die knöcherne Struktur, die das Herz und die Lunge schützt. Der Schutz ist eine wichtige Funktion des Skelettsystems! Die Knochen des Schädels, der Wirbelsäule und des Brustkorbs bieten also den empfindlichen Organen, die sie enthalten, Schutz.

KNORPEL: Das Skelett besteht nicht nur aus Knochen, sondern auch aus Knorpel und Gelenken. Knorpel besteht ebenfalls aus Bindegewebe, aber seine Zellen unterscheiden sich von denen des Knochengewebes, und auch die extrazelluläre Matrix, in die sie eingebettet sind, ist ganz anders: Sie besteht hauptsächlich aus Proteinen, die ihr Flexibilität, Festigkeit und eine gallertartige Konsistenz verleihen. Knorpel gibt unserer Nase und unseren Ohren Form – Organe, in denen gar keine Knochen vorhanden sind. Knorpel schützt und stützt auch die Knochen selbst, zum Beispiel zwischen den Wirbeln der Wirbelsäule.

KNOCHEN: Sie sind sehr unterschiedlich, und ihre Form, das haben wir bereits erwähnt, dient der spezifischen Funktion, die sie ausüben sollen. So sind die Knochen des Schädels flach und bilden einen regelrechten Kasten, in dem das Gehirn untergebracht ist. Hingegen sind die Knochen, aus denen die Wirbelsäule besteht, die Wirbel, kurz, um die Stütze unseres Körpers und die Beweglichkeit des Rückens zu gewährleisten. Sie haben ein Loch, in dem sich das Rückenmark befindet.

GELENKE: Sie verbinden zwei oder mehr Knochen miteinander. Sie sind praktisch der »Klebstoff«, der die Knochen zusammenhält und es ihnen ermöglicht, ihre Funktion als Stütze, Bewegungsapparat und Schutz zu erfüllen. Unser Skelett ist ein wahres Meisterwerk der Ingenieurskunst! Schauen wir uns die Wirbelsäule an, die den gesamten Körper stützt. Sie besteht aus meist 33 kleineren Teilen, den Wirbeln, die so zusammengesetzt sind, dass sie eine solide und gleichzeitig bewegliche Stütze bilden!

BEWEGUNG: Die Knochen selbst sind nicht in der Lage, sich zu bewegen! Die Komponenten, die die für die Bewegung notwendige Kraft liefern, sind die Muskeln, die sich zusammenziehen und dabei mechanische Energie erzeugen: Sie sind der aktive Teil der Bewegung. Die Muskeln sind über Sehnen mit den Knochen verbunden. Wenn sie sich zusammenziehen, verkürzen sie sich und ziehen die Sehne und damit den Knochen hinter sich her. Der Knochen wirkt wie ein Hebel und die Bewegung wird schließlich erzeugt!

WIE IM KLEINEN, SO IM GROSSEN

Viele Tiere haben eine innere oder äußere Stützstruktur entwickelt, um trotz der Schwerkraft an Land leben zu können. Auch die Pflanzen mussten Strategien entwickeln, um dieses Problem zu bewältigen. Für die Umwandlung der Algen in Landpflanzen, wie wir sie heute kennen, wurde wurde der Stängel entwickelt! Wir sehen an diesem Beispiel, dass die Organismen, obwohl sie sich voneinander unterscheiden, bei gleichen Problemen Lösungen entwickeln, die gar nicht so unterschiedlich sind!

DER INNERE BAUM DES LEBENS: DIE ATMUNGSORGANE

Wie atmen wir?

ABER VOR ALLEM: WARUM MÜSSEN WIR ATMEN? JEDER VON UNS HAT SCHON EINMAL VERSUCHT, UNTER WASSER DIE LUFT ANZUHALTEN, ABER IRGENDWANN MÜSSEN WIR ALLE (AUCH DIE BESTEN TAUCHERINNEN UND TAUCHER!) AN DIE OBERFLÄCHE KOMMEN, UM LUFT ZU HOLEN. WARUM IST DAS SO? DURCH DAS ATMEN FÜHREN WIR UNSEREM KÖRPER DEN IN DER LUFT ENTHALTENEN SAUERSTOFF ZU, DER FÜR DAS ÜBERLEBEN UNSERER ZELLEN UNERLÄSSLICH IST. SAUERSTOFF IST EINE DER WICHTIGSTEN »ZUTATEN« DER ZELLATMUNG, ALSO DER PROZESSE, DIE IM INNEREN DER ZELLE ABLAUFEN UND DIE ENERGIEGEWINNUNG ERMÖGLICHEN. OHNE DIE STÄNDIGE ZUFUHR VON SAUERSTOFF WÜRDEN UNSERE ZELLEN LANGSAM ABSTERBEN!

RACHEN: Sobald die Luft eingetreten ist, führt sie ihre Reise durch den Rachen fort. Durch dieses Organ wird nicht nur die Luft, sondern auch die zerkaute Nahrung transportiert.

ATMUNGSSYSTEM: Die Gesamtheit der Organe, die dafür sorgen, dass Luft in unseren Körper gelangt, wird als **Atmungssystem** bezeichnet. Es gibt zwei Phasen: die **Einatmung**, durch die wir Sauerstoff zuführen, und die **Ausatmung**, durch die wir Kohlendioxid, das Abfallprodukt der Zellatmung, ausscheiden. Doch welchen Weg nehmen der Sauerstoff und – in umgekehrter Richtung – das Kohlendioxid in unserem Körper?

ZWEI LUFTEINLÄSSE: Die Luft gelangt durch zwei Eingänge in unseren Körper: durch die **Nase** und den **Mund**. Die Nase besteht aus einer äußeren und einer inneren Struktur. Die Luft tritt durch die Nasenhöhlen ein, die der erste Teil der **Atemwege** sind, also der Wege, die die Luft in unserem Körper durchläuft. Luft kann auch durch den Mund eindringen, aber dieser wird als »Nebeneingang« betrachtet – warum? Die Nasenhöhlen haben eine besondere Struktur, danke der die einströmende Luft gereinigt und erwärmt wird. Sie sind mit einer dünnen Haar- und Schleimschicht versehen, die Eindringlinge, die sich mit der Luft vermischen könnten, abhalten.

KEHLKOPF: Nach dem Rachenraum trennen sich die Wege von Luft und Nahrung endgültig, und die Luft setzt ihren Weg in einem Kanal, dem **Kehlkopf**, fort. Eine Schlüsselrolle spielt dabei der **Kehldeckel** (Epiglottis), eine knorpelige Platte, die verhindert, dass die Nahrung beim Schlucken in die Atemwege gelangt. Der Kehlkopf ist nicht nur deshalb ein so wichtiges Organ, weil er den Luftdurchgang ermöglicht, sondern auch, weil er die Stimmbänder enthält. Strömt Luft durch den Kehlkopf, vibrieren sie und ermöglichen es uns, Töne mit unserer Stimme zu erzeugen.

LUFTRÖHRE: Die Luft strömt dann weiter in die Luftröhre, die sich in ihrem letzten Abschnitt in zwei Äste, die **Bronchien**, aufteilt, die sich wiederum in **Bronchiolen** aufteilen. Die Bronchien und Bronchiolen sind knorpelige, muskulöse Organe, die für den Transport der Luft zu ihrem endgültigen Bestimmungsort, der **Lunge**, verantwortlich sind.

WIE IM KLEINEN, SO IM GROSSEN

Werfen wir einen Blick ins Innere und sehen wir uns dann um! Auffallend, dass die Luftröhre, die Bronchien, die Bronchiolen und schließlich die Lungenbläschen einem Baum sehr ähnlich sehen! Natürlich auf dem Kopf stehend, aber auf jeden Fall sehr ähnlich wie eine Pflanze! Es ist daher nicht verwunderlich, dass die Bronchien, Bronchiolen und Lungenbläschen zusammen als Bronchialbaum bezeichnet werden. In den nächsten Abschnitten werden wir sehen, wie ähnliche Strukturen in völlig unterschiedlichen Organismen dennoch ähnliche Funktionen erfüllen!

LUNGE: Die beiden Lungenflügel sind die Hauptorgane des Atmungssystems. Sie bestehen aus elastischem, schwammartigem Gewebe und enthalten in ihrem Inneren Luftsäcke, die **Lungenbläschen** genannt werden. Sie stellen die letzten Verzweigungen der Bronchiolen dar. Dort findet der Gasaustausch statt, ein unglaubliches Phänomen, das wir in den nächsten Abbildungen im Detail sehen werden!

RIPPENMUSKELN:
So heißen die Muskeln zwischen den Rippen, also den Knochen, die den Brustkorb bilden. Ihre Kontraktion trägt ebenfalls dazu bei, dass unsere Lungen so viel Platz wie möglich haben, um sich auszudehnen. Auch sie stehen unter der Kontrolle des Nervensystems, aber sie können entweder freiwillig oder unfreiwillig gesteuert werden! Wir müssen also nicht immer ans Atmen denken, aber wir können, wenn es nötig ist, die Frequenz der Atmung ändern und kontrollieren.

ZWERCHFELL: Die Atmung erfolgt durch das Zusammenziehen der Atemmuskeln: des Zwerchfells und der Rippenmuskeln. Das Zwerchfell ist ein kuppelförmiger Skelettmuskel, der sich unterhalb der Lunge befindet. Es zieht sich beim Einatmen nach unten zusammen und entspannt sich beim Ausatmen. Dadurch kann sich die Lunge beim Einatmen weiter ausdehnen.

DER BLUTKREISLAUF UND SEINE GEHILFEN

Was ist eigentlich Blut?

BEVOR WIR HERAUSFINDEN, WAS MIT DEM SAUERSTOFF GESCHIEHT, DER IN UNSEREN KÖRPER GELANGT UND IN DER LUNGE ANKOMMT, MÜSSEN WIR EINEN KLEINEN BOGEN SCHLAGEN UND DAS BLUT VORSTELLEN.

»BLUT? ABER WAS HAT DENN BLUT DAMIT ZU TUN?«, WIRST DU SAGEN. KEINE SORGE! ALLES WIRD AM ENDE EINEN SINN ERGEBEN. BLUT, DAS HABEN WIR BEREITS VORWEGGENOMMEN, IST EIN BINDEGEWEBE UND DAS EINZIGE FLÜSSIGE GEWEBE IN UNSEREM KÖRPER. SEINE ZUSAMMENSETZUNG IST SEHR KOMPLEX.

BLUTPLÄTTCHEN: Sie sind keine echten Zellen, sondern Zellfragmente. Sie sind wichtig, weil sie an der **Blutgerinnung** beteiligt sind. Wenn wir uns verletzen, können sie aktiviert werden, verklumpen und bilden eine Art Pfropfen, der verhindert, dass ungebremst Blut austritt (die braune Kruste, die wir so gut kennen!).

ROTE BLUTKÖRPERCHEN: Das sind ganz besondere Zellen! Zunächst einmal haben sie eine überraschende Eigenschaft: Sie haben keinen Zellkern! Daher verfügen sie über mehr Platz in ihrem Zytoplasma, der durch das **Hämoglobin** ausgefüllt wird: ein sehr wichtiges Protein, das dem Blut seine rote Farbe verleiht. Hämoglobin ist von entscheidender Bedeutung, da es in der Lage ist, Sauerstoff zu transportieren! Die roten Blutkörperchen sind die eigentlichen Sauerstoffträger des Körpers. Diese Zellen haben die bizarre Form einer von beiden Seiten eingedellten (bikonkaven) Scheibe, die für die Funktion, die sie erfüllen müssen, sehr wichtig ist.

WEISSE BLUTKÖRPERCHEN: Das sind echte Zellen mit einem Kern! »Weiße Blutkörperchen« ist ein Sammelbegriff für mehrere Zelltypen, die wir in den nächsten Etappen unserer Reise ausführlich beschreiben werden. Wir können jedoch vorwegnehmen, dass sie alle eine gemeinsame Rolle spielen: Sie sind mit der Verteidigung unseres Organismus beauftragt.

PLASMA: Diese strohgelbe Flüssigkeit macht mehr als die Hälfte des gesamten Blutvolumens aus. Das Plasma besteht hauptsächlich aus Wasser und enthält Mineralsalze und sehr wichtige Proteine, die an der Verteidigung unseres Körpers und an der Blutgerinnung beteiligt sind. Also an dem Phänomen, das bei Wunden auftritt, damit wir weniger Blut verlieren.

DIE FUNKTION DES BLUTES: Bis hierher ist alles klar, aber wohin fließt das Blut? Und diese Verletzungen, wo entstehen sie? Das Blut fließt in den **Blutgefäßen**, die wie ein System von Rohren das Blut überall in unserem Körper hinführen. Durch dieses geschlossene System von Gefäßen zirkuliert das Blut und erfüllt seine Funktionen. Zunächst versorgt es über die roten Blutkörperchen alle Zellen des Körpers mit Sauerstoff und sichert so deren Überleben. Außerdem transportiert es alle Nährstoffe durch den Körper, nachdem sie im Darm aufgenommen wurden (darauf werden wir später noch ausführlich eingehen). Das Blut ist auch für den Transport der zellulären Abfallprodukte verantwortlich: Es befördert sie zu den Organen, die für ihre Entsorgung zuständig sind. Allgemein kann man sagen, dass das Blut für den Transport von Stoffen verantwortlich ist, indem es auch sehr weit entfernte Teile unseres Körpers miteinander verbindet. Und dank der weißen Blutkörperchen ist es auch für die Verteidigung unseres Organismus zuständig.

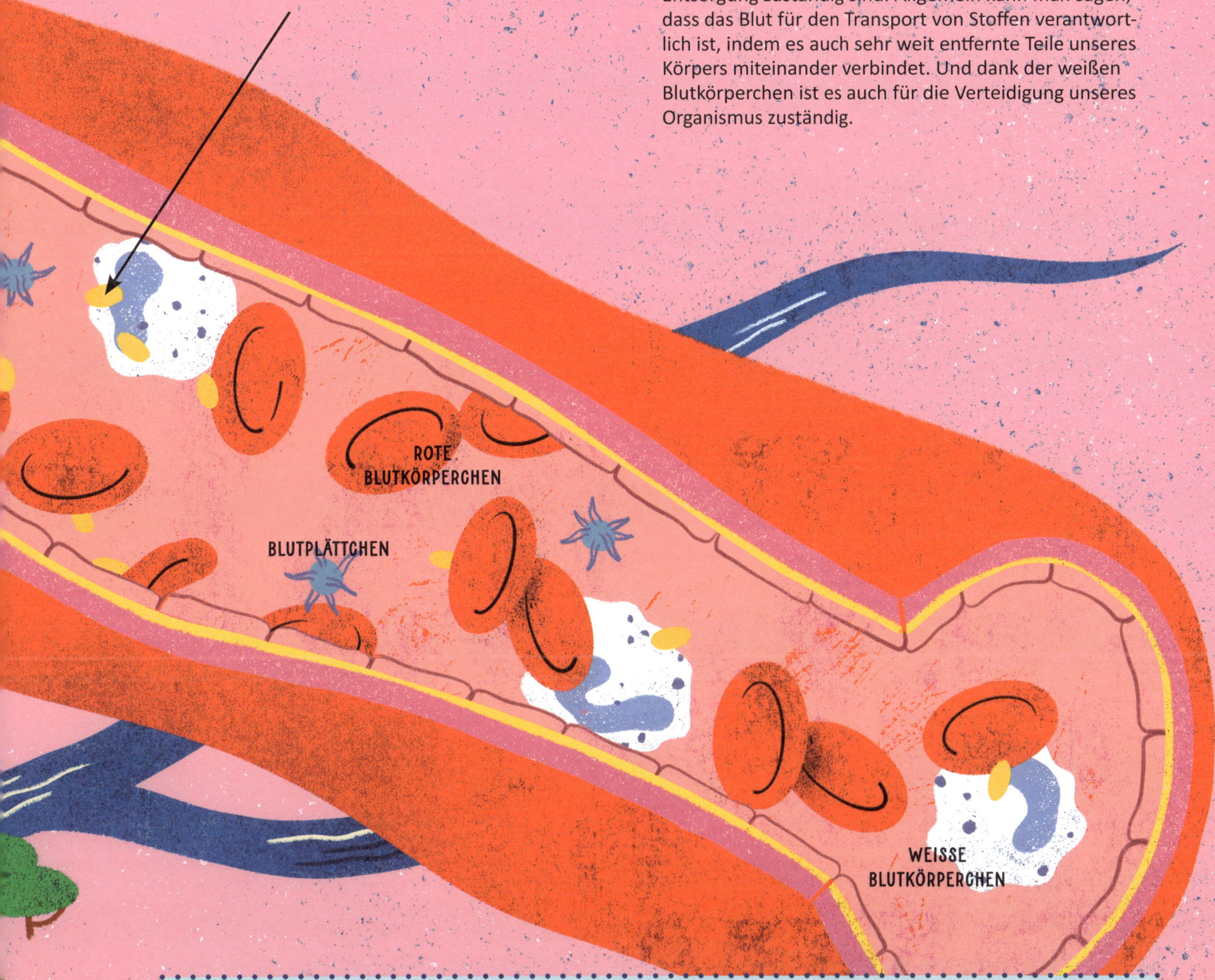

WIE IM KLEINEN, SO IM GROSSEN

So wie das Blut unseren Organismus mit allen Stoffen versorgt, die er braucht, so tun dies auch die Flüsse in den Ökosystemen, durch die sie fließen. Flüsse mit großen, sich ständig bewegenden Wassermassen nehmen auf ihrem Weg Nahrungsressourcen in Form von organischen Stoffen auf: tote Tiere, Blätter, Äste, Exkremente ... Sie sind im ständigen Austausch mit den Lebewesen, die am Ufer oder auf dem Wasser wohnen, und versorgen auch umliegende Ökosysteme. Auf diese Weise sichern sie ihr Überleben, so wie es das Blut für die Zellen tut, aus denen unser Körper besteht.

AUSTAUSCH IST ALLES

Warum ist die Lunge so wichtig?

JETZT KÖNNEN WIR VERSTEHEN, WAS IN UNSERER LUNGE VOR SICH GEHT! WIR HABEN ALLE KARTEN AUFGEDECKT UND MÜSSEN NUR NOCH EIN PAAR WESENTLICHE BEGRIFFE HINZUFÜGEN, DAMIT DIE KONZEPTE, DIE WIR IN UNSEREM KOPF HABEN, MITEINANDER VERBUNDEN WERDEN UND EINE LOGIK ERHALTEN.

Wir wollen einige wichtige Begriffe wiederholen: Zunächst einmal müssen wir uns unbedingt daran erinnern, dass alle Zellen Sauerstoff benötigen, um die Zellatmung durchzuführen und somit zu überleben! Außerdem wissen wir, dass am Ende des Prozesses Kohlendioxid produziert wird, das unbedingt ausgeschieden werden muss. Wir haben bereits gesehen, dass der Sauerstoff durch das Einatmen in unseren Körper gelangt und in der Lunge ankommt. Aber wie gelangt er zu den Zellen in unserem gesamten Körper? Hier kommt, wie wir wissen, das Blut ins Spiel! Die roten Blutkörperchen sind dank des Hämoglobins in der Lage, Sauerstoff zu transportieren, aber nicht nur: Auch Kohlendioxid wird durch das Blut transportiert.

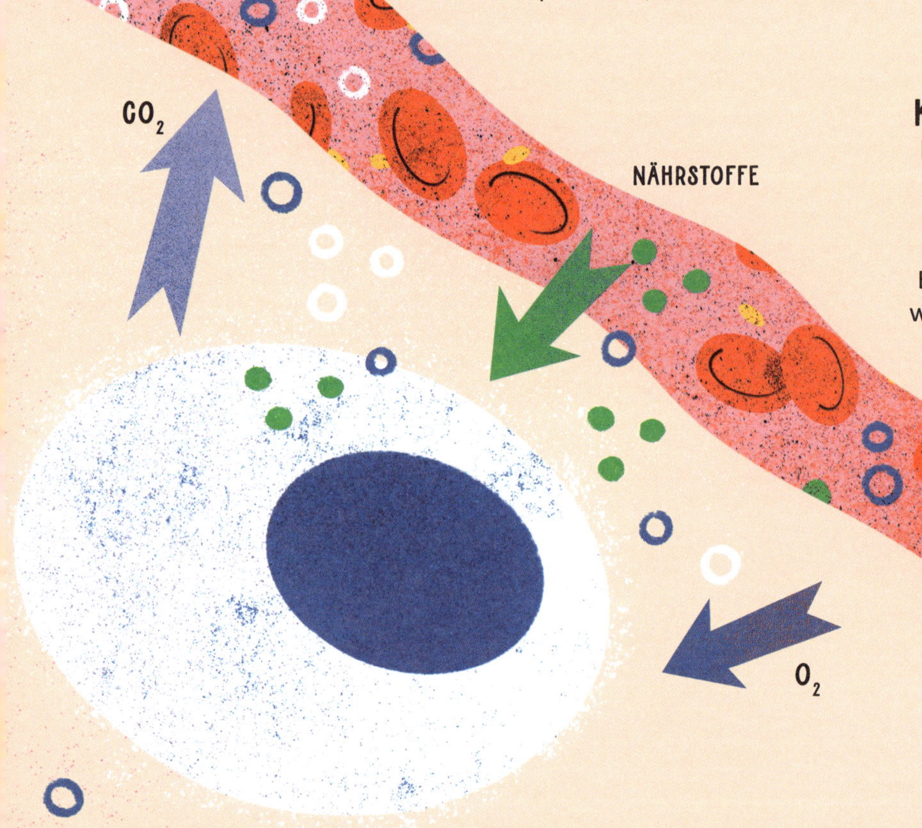

KOHLENDIOXID: Es bewegt sich auch im Blutkreislauf (wie in den Atemwegen), jedoch auf dem umgekehrten Weg. Kohlendioxid wird von den Zellen produziert und kann, wie der Sauerstoff in der Lunge, in die Kapillaren, also in die feinsten Verästelungen der Blutgefäße, gelangen. Im Blutkreislauf angekommen, wird es in Form von **Kohlensäure** transportiert. Wenn es durch die Blutgefäße in die Lunge gelangt, kann es sich in den Lungenbläschen (Alveolen) bewegen und wird von dort durch Ausatmen nach außen befördert.

SAUERSTOFF: Wie gelangt er in die roten Blutkörperchen? Und wie wird Kohlendioxid ausgeschieden? Durch den **Gasaustausch**! Aber der Reihe nach: Nach dem Einatmen befindet sich die Luft in den Lungenbläschen. Ihre Wände sind sehr dünn, sodass die Atemgase sie ganz leicht durchdringen können. Der Sauerstoff in der Luft, die sich in den Alveolen befindet, kann daher die Wand durchdringen und direkt in die roten Blutkörperchen gelangen. Die Lungenbläschen sind reich an haarfeinen Blutgefäßen: den Kapillaren. In den Kapillaren sind die roten Blutkörperchen gezwungen, sie in einer Reihe hintereinander zu passieren. Die Gase können die Zellwand der Lungenbläschen durchdringen, das Blut kann das nicht. Bei dem Austausch, der sogenannten **Osmose**, gelangt der Sauerstoff in die roten Blutkörperchen und wird vom Hämoglobin gebunden: In dieser Form wandert er durch den ganzen Körper und erreicht alle Zellen!

WIE IM KLEINEN, SO IM GROSSEN

Wir haben den Bronchialbaum, bestehend aus Luftröhre, Bronchien, Bronchiolen und Alveolen, mit einem echten Baum verglichen. Wir wollten uns etwas genauer ansehen, ob diese Strukturen, die einander so ähnlich sind, auch funktionell ähnlich miteinander verbunden sein könnten. Konzentrieren wir uns auf die Enden: die Lungenbläschen und, im Falle der Bäume, die Blätter. Sowohl in den Bläschen als auch in den Blättern findet ein Gasaustausch statt. Die Blätter sind mit einer Hautschicht bedeckt, die kleine Öffnungen, die sogenannten **Spaltöffnungen**, aufweist. Hier findet die **Chlorophyll-Fotosynthese** statt, der genau entgegengesetzte Prozess zur Zellatmung: In die Pflanzen gelangt Kohlendioxid, das verwertet wird, während Sauerstoff produziert und anschließend in die Atmosphäre abgegeben wird.

DER RHYTHMUS DES LEBENS: UNSER KREISLAUF

Warum schlägt das Herz so schnell?

DAS BLUT FLIESST IN KANÄLEN, DEN BLUTGEFÄSSEN, ABER WOHER KOMMT DIE KRAFT, DIE ES DURCH DEN KÖRPER FLIESSEN LÄSST? SIE KOMMT VOM HERZEN, DER EIGENTLICHEN PUMPE IN UNSEREM KÖRPER, DIE DURCH IHRE KONTINUIERLICHE ARBEIT ALLE ZELLEN UND GEWEBE UNTERSTÜTZT. DAS HERZ BILDET ZUSAMMEN MIT DEN BLUTGEFÄSSEN DAS HERZ-KREISLAUF-SYSTEM, DAS EIN GESCHLOSSENES SYSTEM IST: DAS ZIRKULIERENDE BLUT VERLÄSST NIEMALS DAS SYSTEM DER GEFÄSSE UND ORGANE, AUS DENEN DIESER APPARAT BESTEHT.

DAS HERZ–KREISLAUF–SYSTEM: Es kann in zwei Hauptkomponenten unterteilt werden: den **Körperkreislauf** und den **Lungenkreislauf**. Beide werden von Blutgefäßen gebildet, die jedoch, obwohl sie bisher als eine Einheit betrachtet wurden, von sehr unterschiedlicher Art sein können. Die Blutgefäße werden in **Arterien**, **Venen** und **Kapillaren** unterteilt.

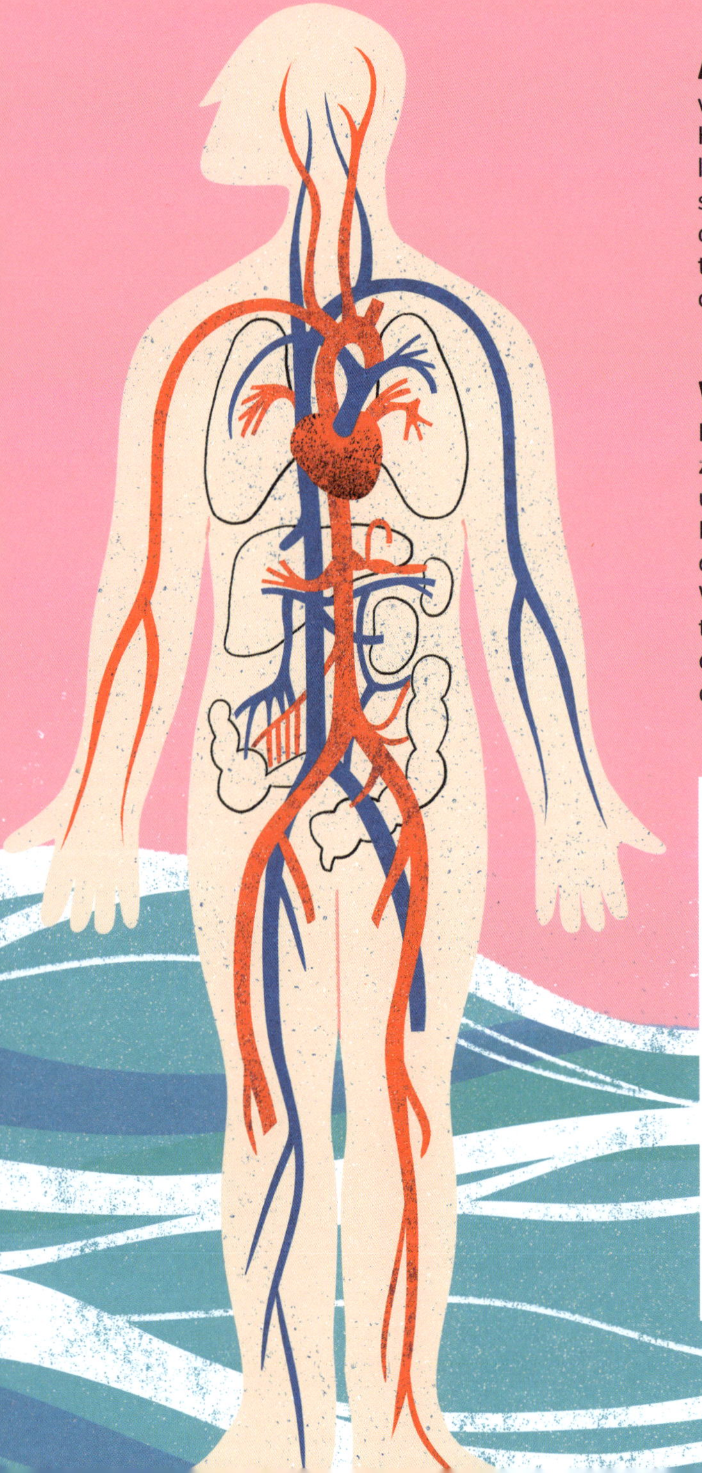

ARTERIEN: Das sind die Leitungen, die das Blut vom Herzen zu den Geweben und Organen unseres Körpers transportieren. Je weiter weg vom Herzen sich diese Gefäße befinden, desto dünner sind sie, bis sie zu Kapillaren werden, das sind die kleinen Röhrchen, in denen der Gasaustausch stattfindet, aber auch der Austausch von Nähr- und Abfallstoffen, die durch das Blut transportiert werden müssen. Die Arterien haben eine dicke, elastische Wand, die zum Teil aus Muskelzellen besteht. Diese unterstützen durch Kontraktion den Blutfluss in Richtung der Extremitäten.

VENEN: Sie transportieren das Blut von den Extremitäten zurück zum Herzen. Ihr Durchmesser nimmt von den Kapillaren bis zum Herzen stetig zu. Die feinen Kapillaren bilden also quasi eine Brücke zwischen Arterien und Venen bilden. Da die Venen im Gegensatz zu den Arterien weniger Muskelgewebe in ihren Wänden haben, werden sie beim Rücktransport des Blutes zum Herzen von den Muskeln der Gliedmaßen unterstützt. Wenn sie sich zusammenziehen, drücken sie die Venen zusammen und treiben das Blut zum Herzen zurück. Außerdem gibt es in diesen Gefäßen die sogenannten Venenklappen. Das sind quasi Ventile, die den Rücklauf des Bluts im Gefäß verhindern.

HERZ: Es ist das Hauptorgan des Herz-Kreislauf-Systems. Das Herz besteht aus einer besonderen Art von Muskelgewebe, dem Herzmuskelgewebe. Es handelt sich um quergestreiftes Muskelgewebe, das jedoch eine große Besonderheit aufweist: Seine rhythmische und kontinuierliche Aktivität, die es ihm ermöglicht, das Blut durch den Körper zu pumpen, wird von den Muskelfasern selbst erzeugt.

Das Herz liegt zwischen den beiden Lungenflügeln und über dem Zwerchfellmuskel und ist im Inneren in zwei Bereiche unterteilt, die vollständig voneinander getrennt sind: die rechte und die linke Herzhälfte. Diese beiden haben wiederum zwei Abschnitte: den **Vorhof** und die **Herzkammer**. Insgesamt hat das Herz also zwei Vorhöfe und zwei Kammern. Die Vorhöfe nehmen das Blut auf, während die Herzkammern es zu den Organen pumpen.

LUNGENKREISLAUF: Schauen wir uns nun die beiden Kreisläufe genauer an! Der **Lungenkreislauf** verbindet das Herz mit der Lunge und ist für die Sauerstoffversorgung des Blutes zuständig. Dieser Kreislauf beginnt in der rechten Herzkammer, die sauerstoffarmes und kohlendioxidreiches Blut aus dem rechten Vorhof erhält. Die Herzkammer drückt das Blut durch die **Lungenarterie** in die Lunge, wo ein Gasaustausch in den Lungenbläschen stattfindet. Die Kapillaren gehen dann in die **Lungenvene** über, die das sauerstoffreiche Blut in den linken Vorhof transportiert.

HERZ: Aber woher kommt das Klopfen des Herzens? Die rhythmische Aktivität des Herzens wird als **Herzschlag** bezeichnet und unterteilt sich in die **Diastole**, wenn das Herz entspannt ist, und die **Systole**, wenn sich das Herz zusammenzieht. Das Geräusch, das wir hören können, ist auf das ständige Öffnen und Schließen der **Herzklappen** zurückzuführen, die durch ihr Schließen und Öffnen dafür sorgen, dass das Blut in die richtige Richtung fließen kann. Bummbumm. Bummbumm. Bummbumm.

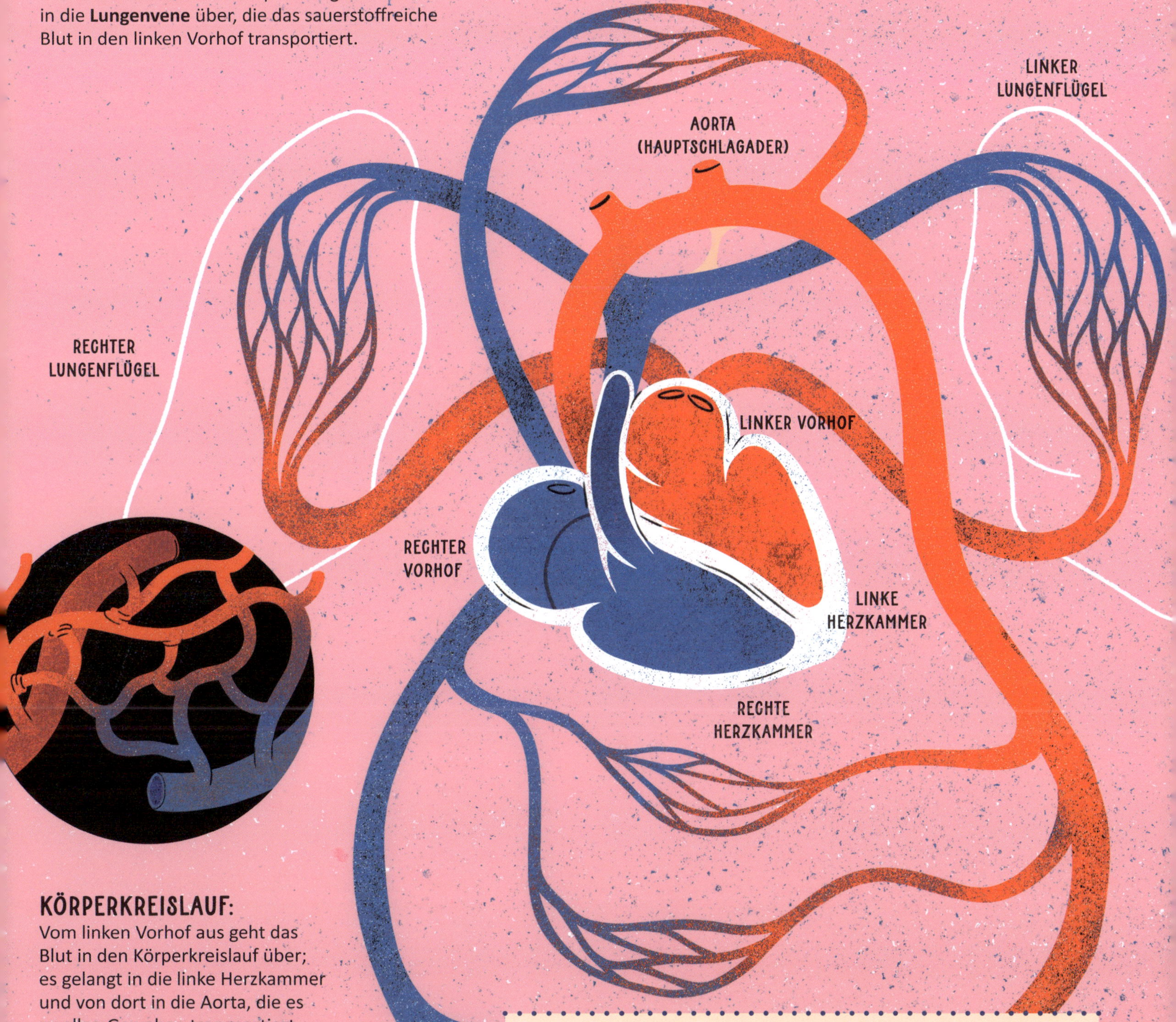

KÖRPERKREISLAUF: Vom linken Vorhof aus geht das Blut in den Körperkreislauf über; es gelangt in die linke Herzkammer und von dort in die Aorta, die es zu allen Geweben transportiert. Das Blut, das sämtliche Zellen mit Sauerstoff versorgt hat und nun voller Abfallstoffe ist, gelangt in die **Hohlvenen**, die mit dem sauerstoffarmen Blut im rechten Vorhof zusammenlaufen, von wo es in die rechte Herzkammer und den Lungenkreislauf gelangt.

WIE IM KLEINEN, SO IM GROSSEN

Bisher haben wir nur optische Vergleiche mit der Außenwelt angestellt – jetzt versuchen wir, uns das Meer vorzustellen: das kontinuierliche, rhythmische Geräusch, das die Wellen machen, wenn sie sich am Strand oder an den Klippen brechen. Riesige Wassermassen, die von der Kraft des Windes ans Land getragen werden, wo sie sich in einem endlosen Kreislauf zurückziehen.

DAS INTELLIGENTE SIEB: DIE NIEREN UND DAS AUSSCHEIDUNGSSYSTEM

Wieso müssen wir pinkeln?

HAST DU DICH JEMALS GEFRAGT, WARUM DU MEHRMALS AM TAG AUFS KLO GEHEN MUSST? DIESES DRINGENDE BEDÜRFNIS IST GRUNDLEGEND UND WESENTLICH FÜR DIE GESUNDHEIT DES ORGANISMUS. ES IST UNSERE METHODE, EINIGE DER ABFALLSTOFFE AUSZUSCHEIDEN, DIE VON DEN ZELLEN PRODUZIERT WERDEN UND FÜR UNSEREN KÖRPER SCHÄDLICH SIND.

ZELLSTOFFWECHSEL: Die Zelle ist im Laufe ihres Lebens ständig aktiv. Die Gesamtheit der Reaktionen, die in einer Zelle ablaufen, wird als **Stoffwechsel** bezeichnet. Bei diesen Reaktionen werden Bestandteile produziert, die für das Leben der Zelle nützlich sind, und andere, die Abfallprodukte sind und ausgeschieden werden müssen. Die verschiedenen Abfallprodukte werden von bestimmten Organen ausgeschieden: Kohlendioxid wird während der Atmung aus der Lunge entfernt, während stickstoffhaltige Verbindungen mit dem Urin ausgeschieden werden. Aber wie und wo wird der **Urin** produziert? Die Gesamtheit der Organe, die für diese Aufgaben zuständig sind, wird als **Ausscheidungssystem** bezeichnet und besteht aus den **Nieren**, den **Harnleitern**, der **Blase** und schließlich der **Harnröhre**. Der Urin wird in den Nieren produziert. Die zwei bohnenförmigen Organe (man muss sie sehen, um es zu glauben!) liegen unterhalb des Brustkorbs auf beiden Seiten der Wirbelsäule. Sie sind echte Filterorgane, quasi nichts anderes als Siebe, aber intelligente! Die Nieren filtern das Blut, das durch die **Nierenarterie** einströmt.

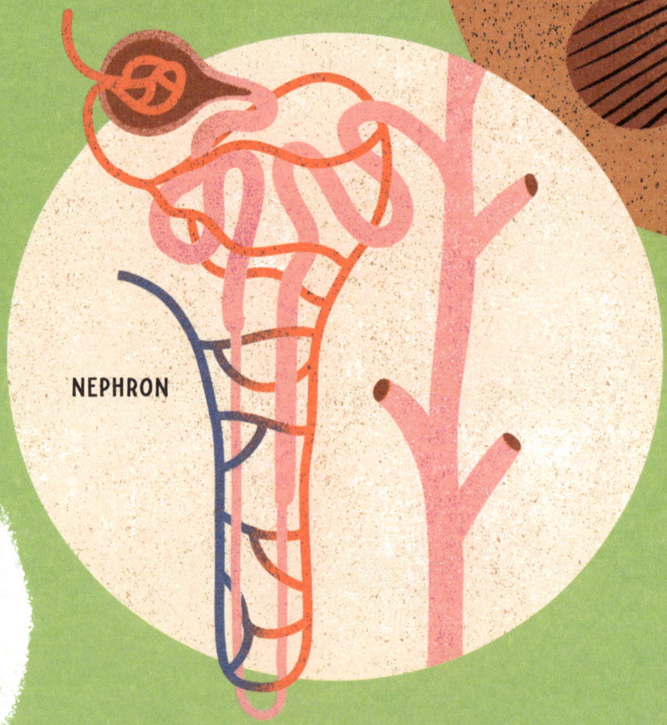

NEPHRON: Die Filtertätigkeit der Nieren wird durch das **Nephron** ausgeübt, das wie ein mikroskopisch kleines Röhrchen geformt ist. Die Nieren enthalten etwa eine Million Nephrone, die gleichzeitig in der Lage sind, das Blut zu filtern und die auszuscheidenden Stoffe, d. h. den Urin, zu sammeln.

STICKSTOFF-VERBINDUNGEN: So heißen die Moleküle, die bei der Umwandlung von Proteinen und stickstoffhaltigen Basen entstehen: Biomoleküle, die ein Stickstoffatom in ihrer Struktur enthalten. Diese Stoffe sind sehr schädlich und müssen unbedingt ausgeschieden werden. Sie werden zunächst in Harnstoff umgewandelt. Dann wird dieses Molekül mit Stickstoffatomen in den Blutkreislauf freigesetzt und schließlich mit dem Urin ausgeschieden.

NIEREN: Sie filtern das Blut wie Siebe. Die größeren Bestandteile können nicht passieren, darunter auch die Blutzellen (die roten und weißen Blutkörperchen und Blutplättchen). Nach dieser ersten großen Reinigung hat das, was die Niere passiert, so ziemlich die gleiche Zusammensetzung wie das Blutplasma, also die flüssige Komponente des Blutes. Dann kommt die Intelligenz der Niere ins Spiel: Aus dem groben Filtrat werden Stoffe, die für den Organismus noch nützlich sind, wieder in den Körper aufgenommen. Auszuscheidende Stoffe, die nicht im Filter hängengeblieben sind, weil sie zu klein sind, wandern ins Filtrat. Was am Ende übrig bleibt, ist zum einen der Urin, der ausgeschieden werden muss, zum anderen das von Schadstoffen gereinigte Blut, das in den Kreislauf zurückkehrt.

HARNLEITER UND BLASE: Von den Nieren gelangt der Urin in die röhrenförmigen **Harnleiter** und weiter in die **Blase**. Dieser »Beutel« nimmt den Urin auf, bevor er nach außen ausgeschieden wird. Die Blase ist ein Organ, das sich ausdehnen kann, um den Urin aufzunehmen. Ist die Blase voll, wird dies über Nervenfasern an das Gehirn weitergeleitet, und man spürt, dass man auf Toilette gehen muss. Der Urin fließt schließlich durch die **Harnröhre** und wird danach ausgeschieden.

WIE IM KLEINEN, SO IM GROSSEN

So wie sich die Nieren um die Ausscheidung von Abfallstoffen aus unserem Körper kümmern, gibt es Lebewesen, die die gleichen Aufgaben im Ökosystem erfüllen. Die Rede ist von **saprophytischen Pilzen**. Saprophytische Pilze sind jene Pilze, die sich von verrottenden tierischen oder pflanzlichen Stoffen ernähren. Damit beseitigen sie die von anderen Lebewesen produzierten Abfälle und verhindern somit eine Abfall-Überproduktion. Aber nicht nur das! Hast du gewusst, dass einige Pilze offenbar in der Lage sind, den Boden selbst von gefährlichsten Schadstoffen wie Öl und Asbest zu reinigen? Die Natur ist erstaunlich. Sie bietet uns also auch Alternativen zu den Umweltkatastrophen, die wir Menschen verursachen.

DAS VERDAUUNGSSYSTEM

Was passiert mit der Nahrung, die wir zu uns nehmen?

WENN WIR MORGENS AUSGIEBIG FRÜHSTÜCKEN, MUSS DIE AUFGENOMMENE NAHRUNG VERDAUT WERDEN. ABER WAS BEDEUTET »VERDAUEN«? UND WO FINDET DIE VERDAUUNG STATT? ERINNERN WIR UNS AN ZWEI GRUNDLEGENDE DINGE: ERSTENS, DASS UNSERE ZELLEN ENERGIE BENÖTIGEN, UM RICHTIG ARBEITEN ZU KÖNNEN, UND ZWAR ENERGIE, DIE AUS DER NAHRUNG STAMMT, DIE WIR ZU UNS NEHMEN. ZWEITENS WISSEN WIR, DASS DIE LEBENDE WELT AUS BIOMOLEKÜLEN BESTEHT: KOHLENHYDRATE, PROTEINE UND LIPIDE. DIE VERDAUUNG IST EXAKT DER PROZESS, DER DIE AUFGENOMMENE NAHRUNG IN STOFFE UMWANDELT, DIE VON DEN ZELLEN UNSERES KÖRPERS AUFGENOMMEN WERDEN KÖNNEN.

VERDAUUNGSAPPARAT: Die Verdauung erfolgt durch die Organe des Verdauungssystems. Die Nahrung »wandert« durch diese Organe und wird schließlich in den Körper aufgenommen. Aber sehen wir uns das mal genauer an!

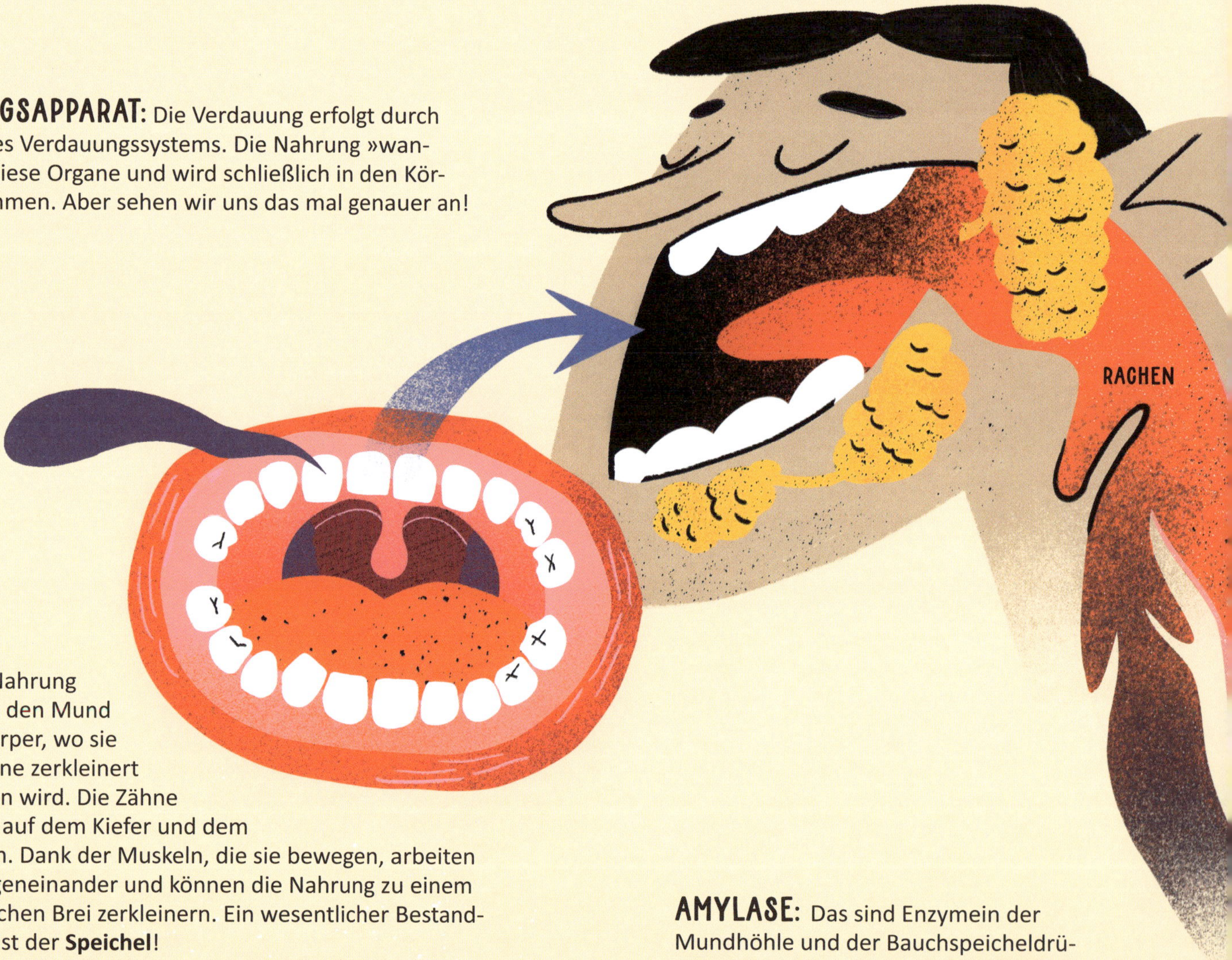

MUND: Die Nahrung gelangt durch den Mund in unseren Körper, wo sie durch die Zähne zerkleinert und zermahlen wird. Die Zähne befinden sich auf dem Kiefer und dem Kieferknochen. Dank der Muskeln, die sie bewegen, arbeiten die Zähne gegeneinander und können die Nahrung zu einem etwas widerlichen Brei zerkleinern. Ein wesentlicher Bestandteil des Breis ist der **Speichel**!

SPEICHEL: Diese flüssige Substanz wird von den **Speicheldrüsen** produziert und kontinuierlich in den Mund geleitet, und zwar besonders während wir essen oder kurz vor den Mahlzeiten. Kennst du den Ausdruck »Mir läuft das Wasser im Munde zusammen«? Er rührt daher, dass sich unser Mund schon beim Anblick eines appetitlichen Gerichts mit Speichel füllt, um uns auf die Nahrungsaufnahme vorzubereiten. Beim Kauen weicht der Speichel die Nahrung auf und spielt somit eine wichtige Rolle bei der Verdauung.

AMYLASE: Das sind Enzymein der Mundhöhle und der Bauchspeicheldrüse. Sie beginnen mit der Verdauung von Kohlenhydraten, insbesondere mit dem Abbau von Stärke, die unter anderem in Nudeln, Brot, Pizza und Kartoffeln enthalten ist. Da die Nahrung nur kurze Zeit im Mund verbleibt, ist die Wirkung der Amylase sehr kurz und ihre Arbeit bleibt unvollständig: Die Verdauung der Kohlenhydrate wird in den folgenden Phasen des Verdauungssystems abgeschlossen.

RACHEN: Der Nahrungsbrei aus dem Mund gelangt dann in den Rachenraum. Der Rachen ist übrigens ein gemeinsames Organ des Verdauungs- und des Atmungssystems: Sowohl die Luft als auch der Brei durchlaufen diesen Kanal! Der Brei wird geschluckt in den nächsten Trakt des Verdauungssystems geleitet: in die **Speiseröhre**. Um zu verhindern, dass die Nahrung den falschen Weg nimmt und in die Atemwege gelangt, gibt es den Kehldeckel. Er gehört zum Kehlkopf, und wenn der Deckel sich schließt, blockiert er die Öffnung der Atemwege und verhindert das Eindringen in die Luftröhre. Damit wird verhindert, dass sich der Mensch beim Essen verschluckt.

SPEISERÖHRE: Sie verbindet den Rachenraum mit dem Magen. Die Speiseröhre ist ein Kanal, der den Nahrungsbrei durchlässt. Dank der Muskeln in ihrer Wand ist sie in der Lage, sich zusammenzuziehen und den Nahrungsbrei nach unten zu drücken. Die Kombination von Kontraktionen und anschließendem Entspannen der Speiseröhrenmuskulatur wird als **Peristaltik** bezeichnet. Nachdem der Brei die gesamte Speiseröhre durchquert hat, gelangt er durch den Magen, wobei er den **Magenpförtner** passiert, einen Ringmuskel, der im Ruhezustand geschlossen bleibt.

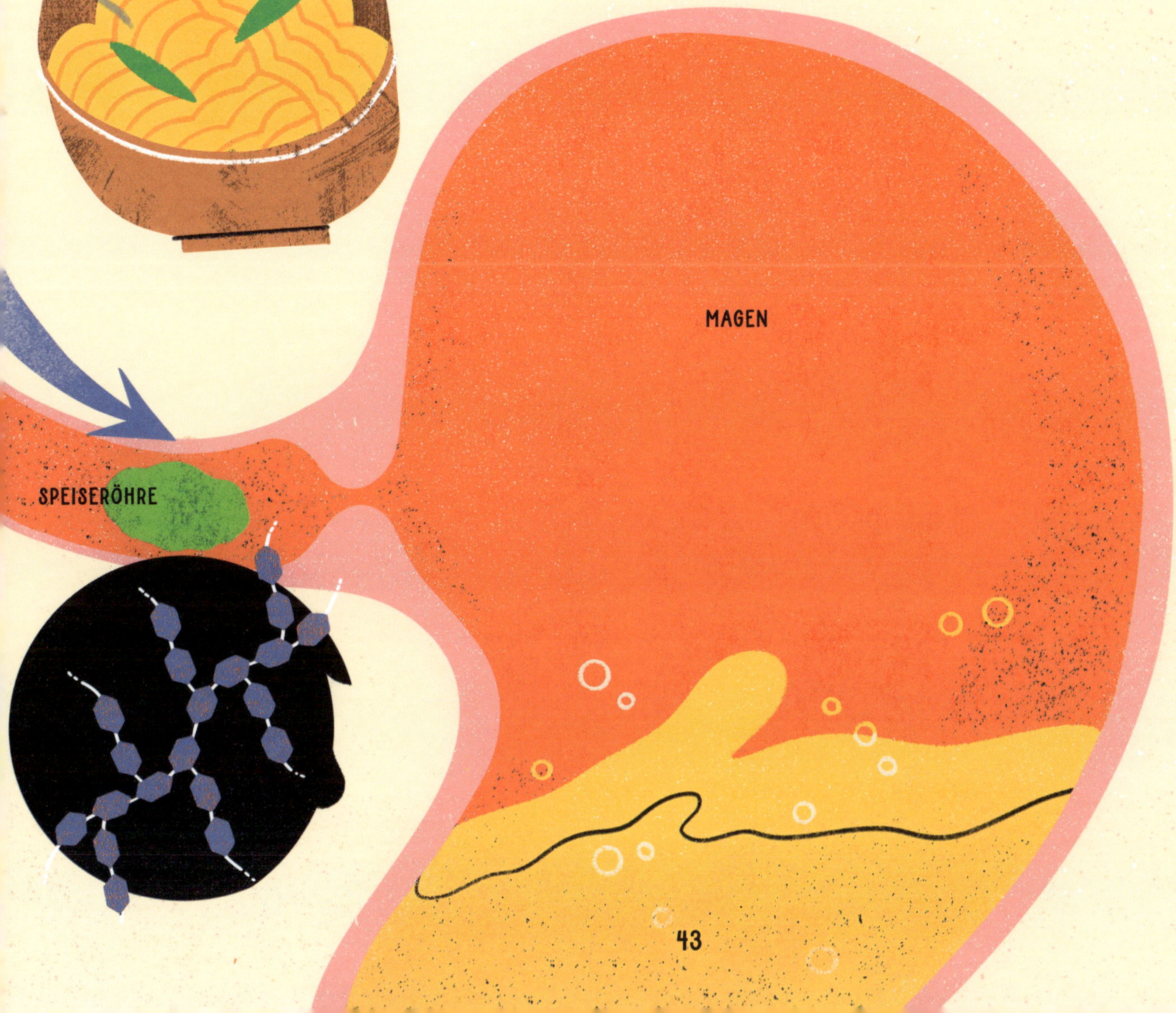

IN EINER TRANSFORMATORRÖHRE WIRD DAS GANZE ZU ENERGIE!

Wie funktioniert die Verdauung?

JETZT WOLLEN WIR ERKUNDEN, WAS MIT DER NAHRUNG PASSIERT, DIE IN UNSEREM MAGEN ANKOMMT, UND WELCHE WEITEREN UMWANDLUNGEN SIE AUF DEM WEG DURCH UNSER VERDAUUNGSSYSTEM ERFÄHRT. DENN WENN DER NAHRUNGSBREI IN DEN MAGEN GELANGT, MACHT ER GROSSE VERÄNDERUNGEN DURCH. DOCH BEVOR WIR DIE VERSCHIEDENEN AKTEURE VORSTELLEN, SOLLTEN WIR UNS DEN BAU DIESES ORGANS ANSEHEN.

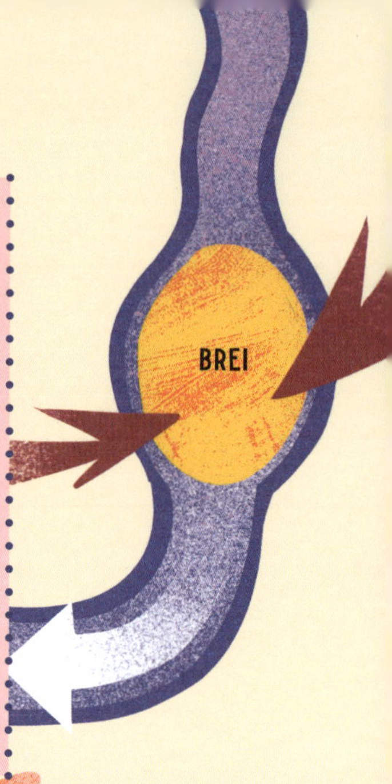

MAGEN: Er grenzt an die Speiseröhre an und hat eine sackartige Form. Die Magenwand besteht aus einer Muskelschicht, deren Kontraktion der Umwälzung der Nahrung dient, und einer inneren Schicht, die Substanzen freisetzt, die für die Verdauung sehr wichtig sind: **Magensaft**, der hauptsächlich aus Wasser besteht, den Brei verdünnt und in **Chymus** umwandelt. Und welche Biomoleküle werden im Magen verdaut? Proteine! Auch hier sind die Hauptakteure Enzyme, die unter dem Namen **Pepsinogen** zusammengefasst werden. Die Aktivierung dieser Enzyme erfolgt durch einen weiteren Bestandteil des Magensaftes: die **Salzsäure**. Sie ist in der Lage, Pepsinogen zu aktivieren, indem sie es in Pepsin umwandelt, das aktive Enzym, das in der Lage ist, Proteine in kleinere Stücke, die **Peptide**, zu zerlegen.

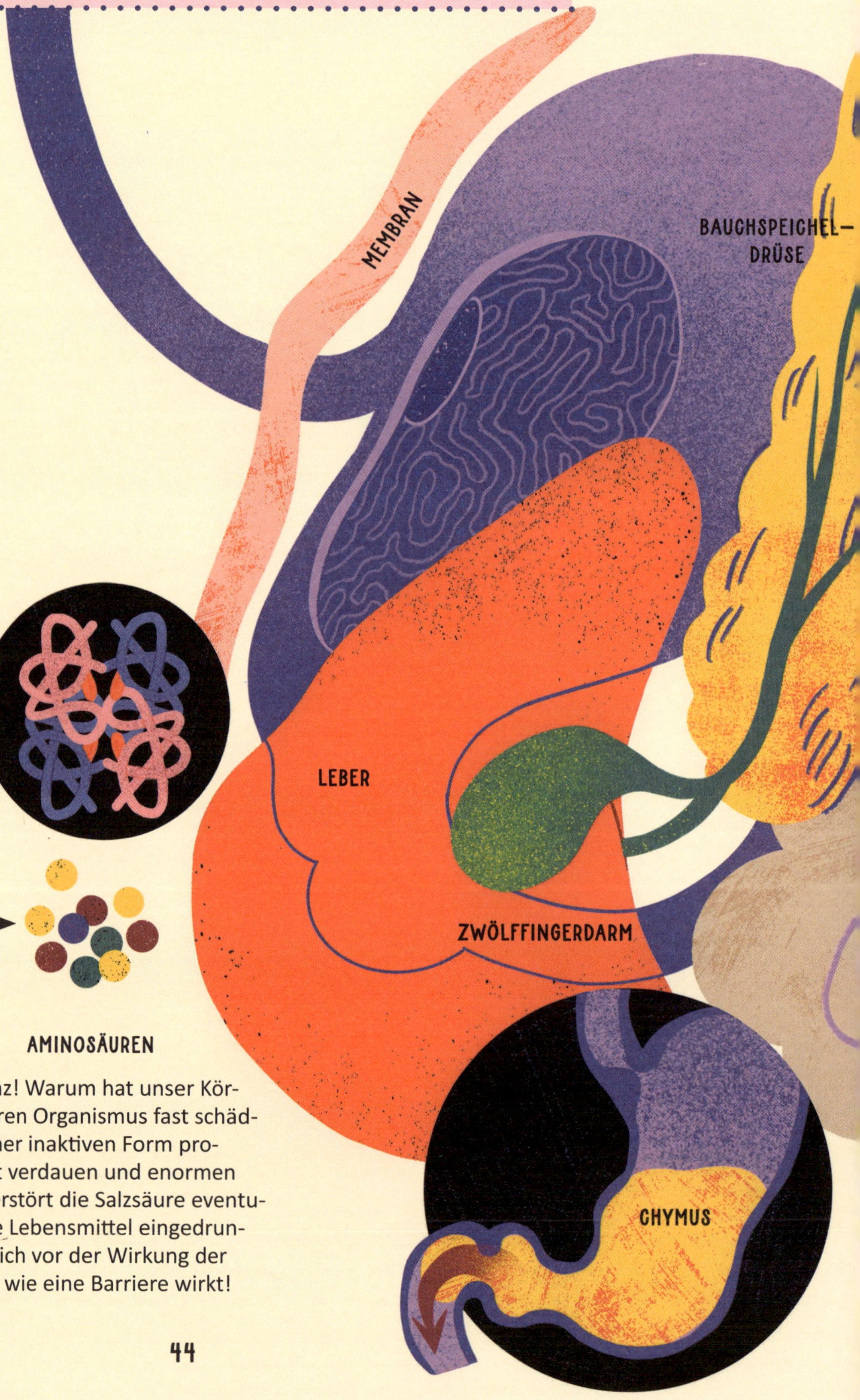

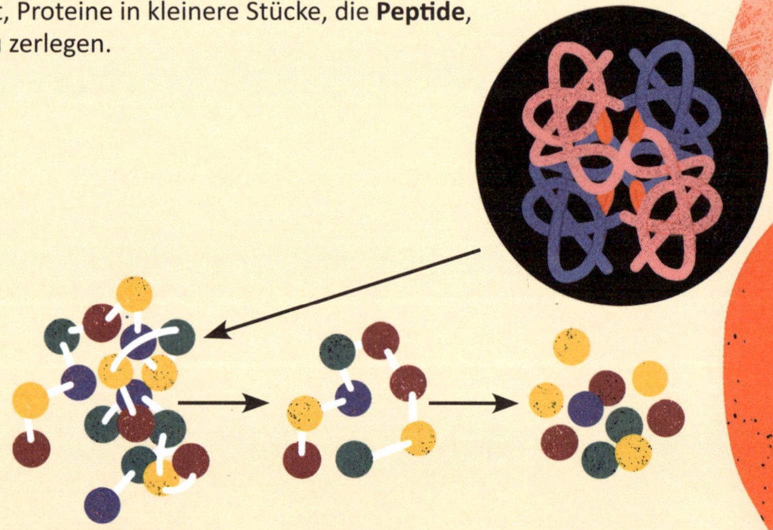

Salzsäure ist jedoch eine sehr ätzende Substanz! Warum hat unser Körper dieses System übernommen, das für unseren Organismus fast schädlich zu sein scheint? Die Enzyme müssen in einer inaktiven Form produziert werden, weil sie sonst die Zellen selbst verdauen und enormen Schaden anrichten würden. Darüber hinaus zerstört die Salzsäure eventuelle Krankheitserreger, die durch verunreinigte Lebensmittel eingedrungen sind. Die Magenwand wiederum schützt sich vor der Wirkung der Salzsäure durch eine dicke Schleimschicht, die wie eine Barriere wirkt!

VERDAUUNG: Sobald die Verdauung im Magen abgeschlossen ist, setzt der Speisebrei seinen Weg fort und passiert nach und nach den **Pylorus**, einen weiteren Ringmuskel, durch den er in den **Zwölffingerdarm**, den ersten Trakt des Darms, gelangt. Der Darm ist eine lange Röhre, die zum Verdauungssystem gehört und in **Dünn- und Dickdarm** unterteilt ist; der erste Trakt des Dünndarms ist der Zwölffingerdarm.

ZWÖLFFINGERDARM: Hier wird die Verdauung der Nahrung fortgesetzt und die Verwertung der verdauten Stoffe beginnt! Für die Aufnahme von Nährstoffen haben der Zwölffingerdarm und der gesamte Dünndarm eine sehr verzweigte Form: Die innere Oberfläche ist gefaltet und bildet glockenförmige Strukturen, die **Darmzotten** genannt werden. Durch die gefältelte Struktur vergrößert sich die Oberfläche des Darms und damit der Bereich, in dem die Aufnahme der Nährstoffe stattfindet.

Die Verdauung endet im Zwölffingerdarm, wo alle Arten von Biomolekülen verdaut werden. Dieser Prozess findet durch die Wirkung von Enzymen aus verschiedenen Organen statt. Die Zellen im Zwölffingerdarm sind in der Lage, Magensaft freizusetzen. Die Verdauung erfolgt auch mithilfe von Substanzen, die im Zwölffingerdarm von zwei sehr wichtigen Organen produziert und abgegeben werden: der **Bauchspeicheldrüse** und der **Leber**. Die Bauchspeicheldrüse gibt **Pankreassaft** in den Zwölffingerdarm ab, der reich an Verdauungsenzymen ist, während die Leber **Galle** freisetzt, eine Substanz, die die Verdauung von Fetten erleichtert. Sobald die Verdauung abgeschlossen ist, werden die Nährstoffe wieder in den Blutkreislauf aufgenommen.

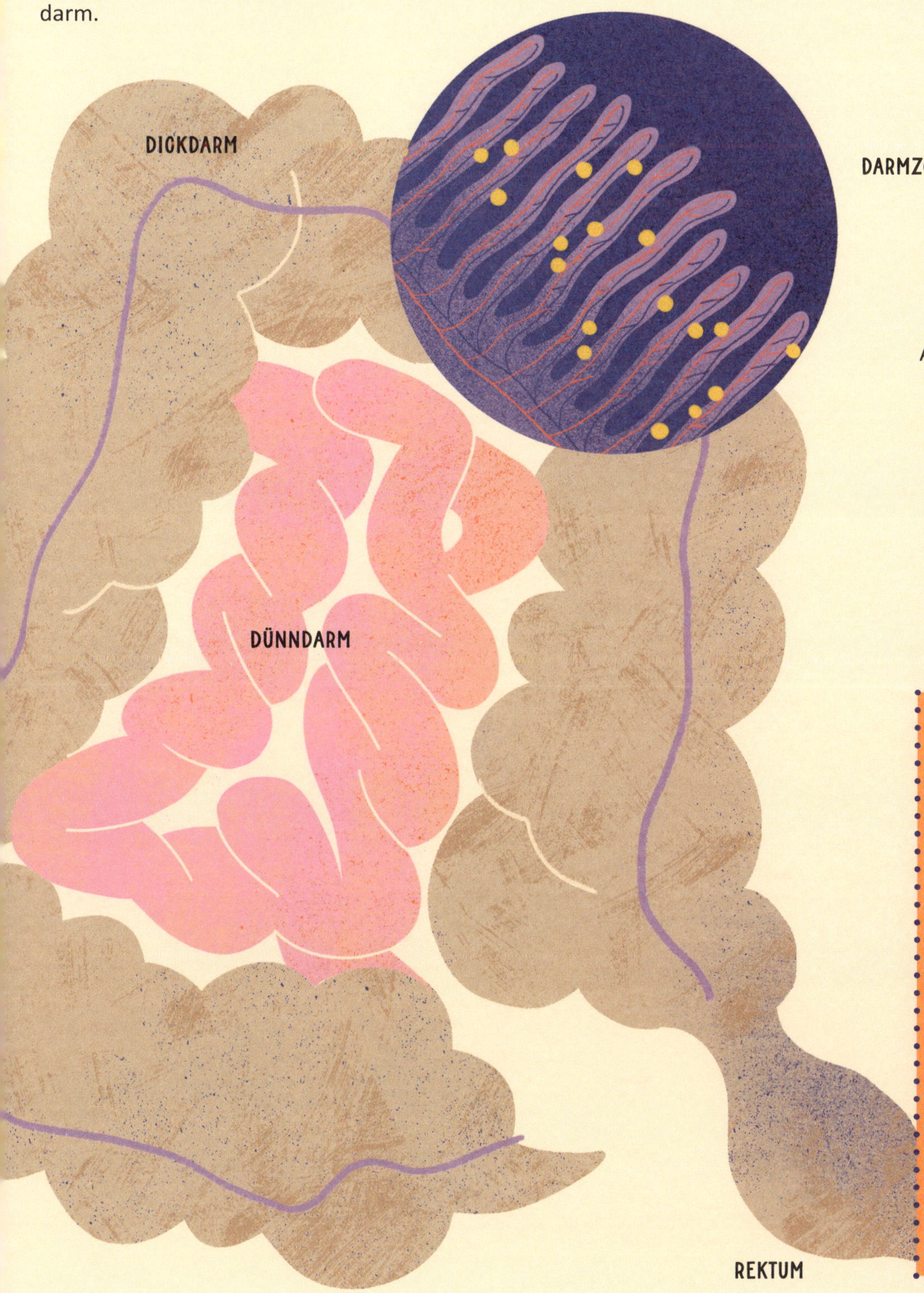

REKTUM UND ANUS: Die letzte Strecke, die die Reste unserer Mahlzeit zurücklegen, ist der Dickdarm. In diesem Abschnitt des Verdauungssystems werden Wasser und Mineralsalze zurückgehalten: Was übrig bleibt, sind die Fäkalien, die wir gemeinhin als »Kot« bezeichnen. Die Fäkalien sammeln sich im **Rektum**, dem letzten Abschnitt des Darms, und werden dann durch den **Anus** ausgeschieden. Hättest du dir vorstellen können, dass die Nahrung, die wir zu uns nehmen, diesen ganzen Weg zurücklegt?

WIE IM KLEINEN, SO IM GROSSEN

Und hier unser Vergleich mit der Natur! Was mit der Nahrung in unserem Verdauungssystem geschieht, unterscheidet sich nicht so sehr von dem, was mit dem Boden geschieht. Pflanzliche und tierische Reste werden zersetzt und abgebaut, wodurch die Pflanzen mit lebenswichtigen Mineralien versorgt werden und der Boden in **Humus** umgewandelt wird. Diese Tätigkeit wird von Pilzen und Regenwürmern ausgeübt, aber die Hauptakteure sind Mikroorganismen! Aber was haben wir mit all dem gemeinsam?

MIKROBIOTA, EINE ERFOLGREICHE ZUSAMMENARBEIT

Wem begegnen wir in unserem Darm?

WIR HABEN GERADE GESEHEN, DASS ZAHLREICHE ORGANE ZUR VERDAUUNG DER AUFGENOMMENEN NAHRUNG BEITRAGEN MÜSSEN UND DASS DIE BETEILIGUNG EINES JEDEN VON IHNEN UNVERZICHTBAR IST. ABER ERLEDIGT UNSER ORGANISMUS DIESE AUFGABE ALLEIN? DIE SPONTANE ANTWORT WÄRE: »NATÜRLICH TUT ER DAS, WER KÖNNTE IHM SCHON HELFEN?« WIR MÜSSEN WIDERSPRECHEN: ES SIEHT ZWAR NICHT SO AUS, ABER WIR SIND NIE ALLEIN! DOCH WER LEISTET UNS DANN GESELLSCHAFT?

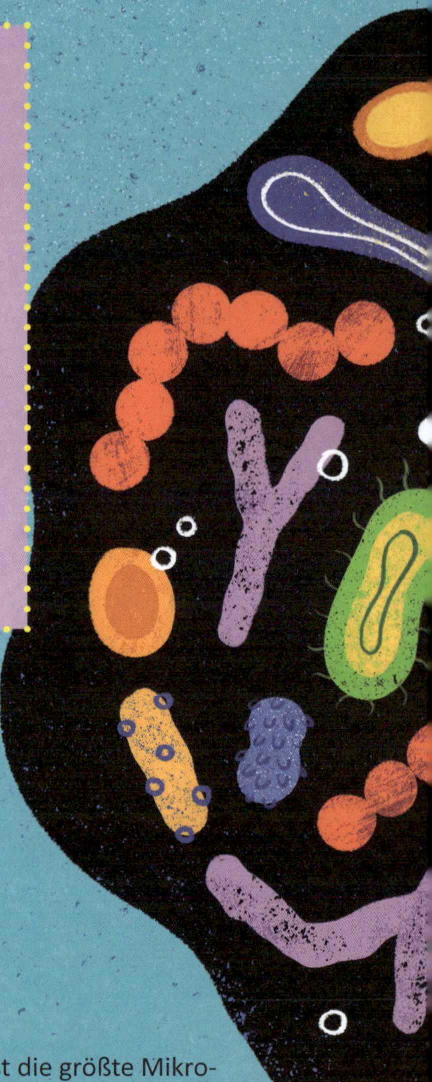

MIKROBIOTA: Von Geburt an leben wir mit einer riesigen Anzahl von Mikroorganismen zusammen, und es gibt so viele von ihnen, dass man fast fragen könnte: »Sind wir die Gastgeber oder umgekehrt? Wer ist wirklich der Wirt und wer ist der Gast?« Die Gesamtheit all dieser Populationen, die einen bestimmten Ort in unserem Körper bewohnen, wird als **Mikrobiota** bezeichnet. Es gibt verschiedene Arten von Mikrobiota, abhängig vom Ort, den sie bewohnen: die orale Mikrobiota im Mund, die vaginale Mikrobiota im weiblichen Fortpflanzungssystem, die kutane Mikrobiota, die aus den Mikroorganismen auf der Haut besteht. Die umfangreichste und am meisten untersuchte ist sicherlich die **intestinale Mikrobiota**, die in unserem Darm vorkommt.

MIKROORGANISMEN: Aber was verstehen wir unter Mikroorganismen? Wir sprechen von all jenen Lebewesen, die so klein sind, dass man sie mit bloßem Auge nicht sehen kann: Bakterien, Protozoen, Pilze ... Ist das nicht ein bisschen eklig? Von klein auf sind wir daran gewöhnt, Mikroorganismen als etwas Schlechtes zu betrachten, das unbedingt mit Reinigungsmitteln und antimikrobiellen Mitteln beseitigt werden muss. Dabei ist ihre Anwesenheit in unserem Körper unerlässlich! Die Gesamtheit der Mikroorganismen, die unseren Körper bewohnen, bildet ein funktionierendes Ökosystem, mit dem wir in **Symbiose** leben. Was bedeutet, dass die Mikroorganismen eine Interaktion mit unserem Organismus eingehen, aus der sowohl wir als auch sie einen Vorteil ziehen.

Die Darm-Mikrobiota ist die größte Mikrobiota in unserem Organismus: Sie ist in unserem gesamten Verdauungstrakt zu finden, wo die Mikroorganismen friedlich leben und hauptsächlich unseren Dickdarm bewohnen. Damit du dir eine Vorstellung von der Größe der Darm-Mikrobiota machen kannst, ein paar Zahlen: Man schätzt, dass die Anzahl der Zellen dieser Mikroorganismen zehnmal so groß ist wie die Anzahl der Zellen in unserem gesamten Organismus. Absurd, oder?

WIE IM KLEINEN, SO IM GROSSEN

Oder vielleicht wäre es besser zu sagen: Was draußen ist, haben wir in uns drinnen! Mikroorganismen sind Lebewesen, die sich so entwickelt haben, dass sie jede erdenkliche ökologische Nische bewohnen können. Man hat sie im Inneren von Vulkanen, in den tiefsten Meeresböden und sogar in Gletschern gefunden! Im Vergleich zu diesen extremen Umgebungen ist unser Körper so gastfreundlich, dass man ihn fast mit einem durch einen Kamin beheizten Wohnzimmer vergleichen kann!

FUNKTIONEN: Mikroorganismen leben nicht passiv in unserem Darm, sondern erfüllen grundlegende Funktionen für den gesamten Organismus, die sich nicht nur auf den Verdauungstrakt beschränken. Die Darm-Mikrobiota beteiligt sich an der Nahrungsverdauung. Darüber hinaus produziert sie lebenswichtige Stoffe, z. B. bestimmte Vitamine, die für unseren Organismus lebensnotwendig sind, aber auch Stoffe, die regulierend wirken. Die mikrobiellen Populationen haben zudem eine Schutzfunktion gegenüber Krankheitserregern, die für unseren Körper schädlich sind, wenn sie in großen Mengen auftreten. Die Populationen helfen uns zudem bei der Regulierung unseres Immunsystems. Und schließlich unterstützen sie uns bei der Regulierung der Darmtätigkeit ... kurz: beim Kacken!

GESUND LEBEN: Es handelt sich also um eine Symbiose: Wir profitieren in hohem Maße von der Anwesenheit der Mikrobiota, und sie erhält von uns die Nahrung, die sie zum Leben braucht. Leider ist unser Lebensstil nicht sehr freundlich zu unserer Darm-Mikrobiota, und so erleben wir oft, dass die Bewohner unseres Verdauungssystems aus dem Gleichgewicht geraten sind. Stress, dem wir ausgesetzt sind, schlechte Ernährung und Bewegungsmangel sind alles Faktoren, die die Darm-Mikrobiota verändern. Was dazu führt, dass die Mikroorganismen nicht mehr alle für unseren Organismus wichtigen Funktionen erfüllen können. Wie können wir uns um unsere Mikrobiota kümmern? Gesunde Gewohnheiten zu entwickeln ist sicherlich sehr wichtig: viel Wasser trinken, sich viel bewegen und vor allem auf eine Ernährung achten, die reich an Obst, Gemüse und Lebensmitteln ist, die von Natur aus bereits Mikroorganismen enthalten, wie z. B. Joghurt.

GEGENSPIELER ODER PARTNER? UNSER ZWEITES GEHIRN

Was entscheiden wir aus dem Bauch heraus?

HAST DU AUCH SCHON »SCHMETTERLINGE IM BAUCH« GESPÜRT? ODER EINE »BAUCH-ENTSCHEIDUNG« GETROFFEN? JETZT, WO WIR EIN WENIG MEHR ÜBER DIE FUNKTIONSWEISE UNSERES KÖRPERS WISSEN, ERSCHEINEN UNS DIESE AUSSAGEN VIELLEICHT ABSURD. WIR TREFFEN ENTSCHEIDUNGEN MITHILFE UNSERES NERVENSYSTEMS, UND AUCH GEFÜHLE WERDEN VON IHM VERARBEITET. DOCH WENN DAS NICHT GANZ HUNDERTPROZENTIG ZUTRIFFT? WIE WIR INZWISCHEN WISSEN, IST DIE VERDAUUNG EIN SEHR KOMPLEXER PROZESS, AN DEM EINE GROSSE ANZAHL VON ORGANEN BETEILIGT IST. WIE IST ES MÖGLICH, DASS ES DAZU DIESEN HOHEN ORGANISATIONSGRAD GIBT? DER DIRIGENT, DER DAS ALLES REGELT, IST DAS ENTERISCHE NERVENSYSTEM.

ENTERISCHES NERVENSYSTEM:

Erinnerst du dich daran, wie wir unser Nervensystem in zwei Komponenten unterteilt haben? Genau, und das enterische Nervensystem ist Teil des vegetativen Nervensystems, das all jene Handlungen reguliert, die wir unbewusst ausführen wie eben die Verdauung. Das enterische Nervensystem besteht aus einem komplizierten Geflecht von Nervenfasern, das alle an der Verdauung beteiligten Organe versorgt. Es besteht aus einer unglaublichen Anzahl von Neuronen: Millionen, fast so viele wie in unserem Gehirn!

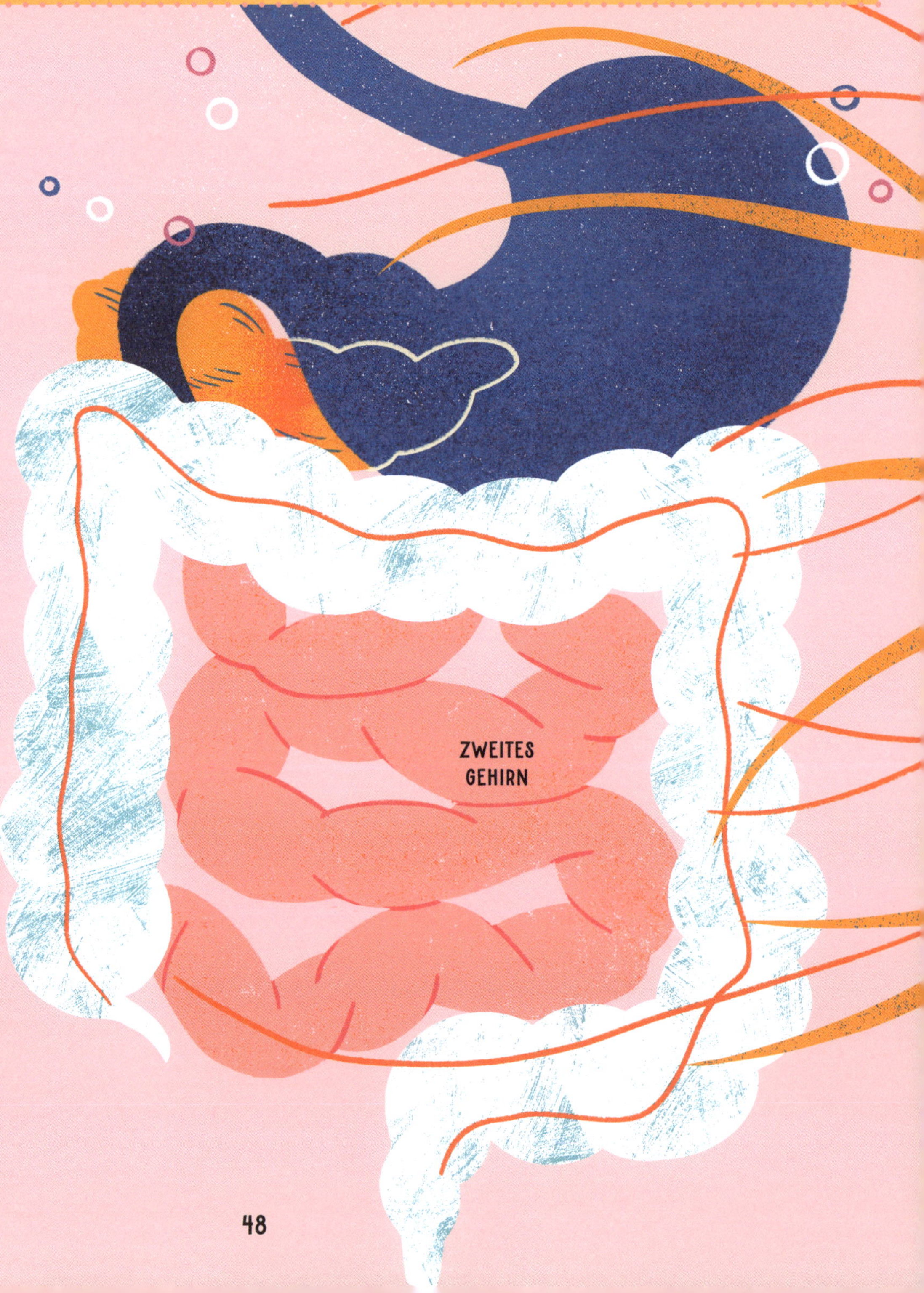

VERBINDUNG ZWISCHEN DEN BEIDEN GEHIRNEN:

Hast du gewusst, dass der Darm seinerseits das zentrale Nervensystem beeinflussen kann? Dieser Austausch wird durch die **Darm-Mikrobiota** vermittelt: Wenn sie gesund ist, ist es auch der Darm; wenn die Mikrobiota aus dem Gleichgewicht ist, leidet auch der Darm. Diese Informationen werden an das zentrale Nervensystem weitergeleitet und können die Stimmung, den Schlaf und den mentalen Zustand beeinflussen.

EINFLÜSSE: Unsere beiden Gehirne arbeiten jedoch nicht unabhängig voneinander: Sie interagieren und tauschen Informationen aus, um unseren Organismus am Laufen zu halten. Wir wissen, dass unser erstes Gehirn unser Darmsystem beeinflusst und mit ihm kommuniziert, oder besser gesagt, wir wissen es vielleicht nicht, aber wir haben es schon erfahren! Wenn du zum Beispiel vor einer Englischarbeit Angst hast oder aufgeregt bist, weil du mit jemandem sprechen musst, der dich nervös macht, bekommst du Bauchschmerzen und musst manchmal sogar auf die Toilette rennen!

ZWEITES GEHIRN: Man hat entdeckt, dass das **enterische Nervensystem** ein autonomes Nervensystem im wahrsten Sinne des Wortes ist: Es ist in der Lage, die Funktionen des Verdauungstraktes eigenständig zu regulieren. Es regelt die Darmkontraktionen, die die Nahrung in Richtung Anus vorschieben, fördert die Freisetzung von Verdauungsenzymen und kontrolliert allgemein, dass der gesamte Verdauungsprozess in geordneter Weise abläuft. Aber das ist noch nicht alles! Das enterische Nervensystem ist auch in der Lage, innere und äußere Reize wahrzunehmen und selbstständig zu verarbeiten. Deshalb wird es auch als unser **zweites Gehirn** bezeichnet. In der Tat ist seine Tätigkeit der unseres zentralen Nervensystems sehr ähnlich.

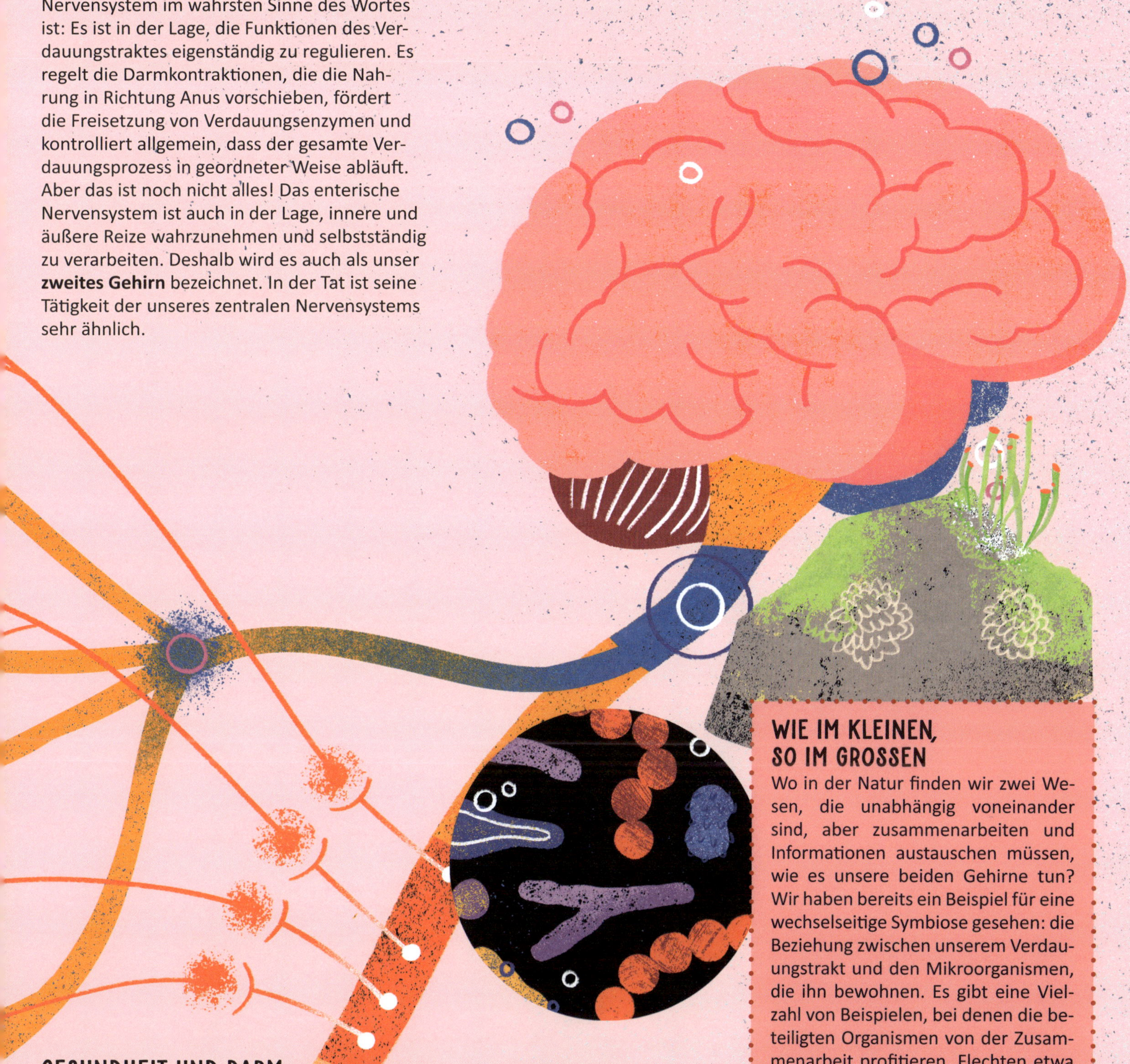

GESUNDHEIT UND DARM: Wenn unser Darm krank ist, wirkt sich das negativ auf die Stimmung aus, während ein gesunder Darm uns glücklicher macht. Dies lässt sich dadurch erklären, dass die Zellen des Darmsystems bei optimalem Zustand des Darms **Serotonin** freisetzen, einen Stoff, der für unser Wohlbefinden und Euphorie verantwortlich ist! Dieser Stoff wirkt nicht nur auf unseren Darm, sondern sorgt insgesamt für unsere körperliche und geistige Gesundheit. Es lohnt sich also, dass wir uns um unser Verdauungssystem kümmern!

WIE IM KLEINEN, SO IM GROSSEN

Wo in der Natur finden wir zwei Wesen, die unabhängig voneinander sind, aber zusammenarbeiten und Informationen austauschen müssen, wie es unsere beiden Gehirne tun? Wir haben bereits ein Beispiel für eine wechselseitige Symbiose gesehen: die Beziehung zwischen unserem Verdauungstrakt und den Mikroorganismen, die ihn bewohnen. Es gibt eine Vielzahl von Beispielen, bei denen die beteiligten Organismen von der Zusammenarbeit profitieren. Flechten etwa sind Organismen, die durch die Symbiose zwischen einer Alge und einem Pilz entstanden sind. Die Alge versorgt den Pilz durch Fotosynthese mit der notwendigen Nahrung, während der Pilz die Alge mit Wasser, Mineralien und Schutz versorgt.

EIN TIERISCHER INSTINKT: SYMPATHIKUS UND PARASYMPATHIKUS

Warum rast dein Herz, wenn du Angst hast?

ATMUNG, VERDAUUNG UND HERZSCHLAG HABEN GEMEINSAM , DASS SIE NICHT DIREKT VON UNSEREM WILLEN GESTEUERT WERDEN. ES SIND VORGÄNGE, DIE UNSER KÖRPER REGULIERT, OHNE DASS WIR UNS DESSEN BEWUSST SIND. UND DAS IST AUCH GUT SO! STELL DIR VOR, WIR MÜSSTEN IN JEDEM MOMENT DARAN DENKEN, ZU ATMEN ODER UNSER HERZ SCHLAGEN ZU LASSEN! ODER WIR MÜSSTEN JEDES MAL, WENN WIR ETWAS ESSEN, JEDE PHASE DER VERDAUUNG KONTROLLIEREN! ZUM GLÜCK MÜSSEN WIR UNS ÜBER DIESE VORGÄNGE KEINE GEDANKEN MACHEN: DAS VEGETATIVE NERVENSYSTEM ÜBERNIMMT DIESE AUFGABE FÜR UNS.

DAS VEGETATIVE NERVENSYSTEM:

Das Nervensystem wird in ein **zentrales** und ein **peripheres Nervensystem** unterteilt. Das vegetative Nervensystem wiederum ist eine der beiden Komponenten des peripheren Nervensystems und regelt alle Handlungen, die uns nicht bewusst sind: Es ist dafür verantwortlich, innere und äußere Reize aufzunehmen und sie an das zentrale Nervensystem zu senden, wo sie verarbeitet werden. Die Reaktion wird dann über die ableitenden Nerven zu den Organen unseres Körpers weitergeleitet, die sie in eine Handlung umsetzen. Wie immer werden die Dinge kompliziert, aber auch das ist Teil der Faszination unseres Organismus! Das vegetative Nervensystem wird ebenfalls in zwei Komponenten unterteilt: den **Sympathikus** und den **Parasympathikus**. Diese beiden regulieren dieselben Organe, haben aber eine entgegengesetzte Wirkung auf sie und kommen in ganz unterschiedlichen Situationen zum Einsatz!

SYMPATHIKUS: Dieses System tritt in Notsituationen in Aktion und versetzt unseren Körper in die Lage, sich einer Gefahr zu stellen oder ihr so schnell wie möglich zu entkommen: Die Veränderungen, die in unserem Körper angeregt werden, nennt man **Angriffs- oder Fluchtreaktion**. Unter solchen Bedingungen verbraucht unser Körper viel Energie, um uns auf die Gefahr vorzubereiten, der wir ausgesetzt sind. So beschleunigt sich der Herzschlag, der Blutdruck steigt (was bedeutet, dass die vom Kreislaufsystem transportierte Blutmenge zunimmt), damit mehr Sauerstoff zu den Muskelzellen gelangt, und die Bronchien weiten sich, um mehr Luft hindurchströmen zu lassen. Die Verdauung hingegen kommt zum Stillstand: Es kann keine weitere Energie verbraucht werden. Alle diese Veränderungen treten plötzlich auf: Dieses System ist ein echter Lebensretter!

PARASYMPATHIKUS: Dieses System wird stattdessen aktiviert, wenn wir entspannt sind und uns in einem Ruhezustand befinden. Es wirkt auf dieselben Organe, die vom Sympathikus reguliert werden, aber mit der exakt entgegengesetzten Wirkung: Der Herzschlag sinkt, ebenso der Blutdruck und die Atmung. Stattdessen wird die Verdauung angeregt. Normalerweise befinden wir uns nicht in einem der beiden beschriebenen Zustände, sondern irgendwo dazwischen. Aber was passiert dann? Beide Systeme sind aktiv und üben die Kontrolle über die Organe aus: Sie finden ein Gleichgewicht, damit unser Organismus in Übereinstimmung mit dem Zustand funktioniert, in dem er sich gerade befindet.

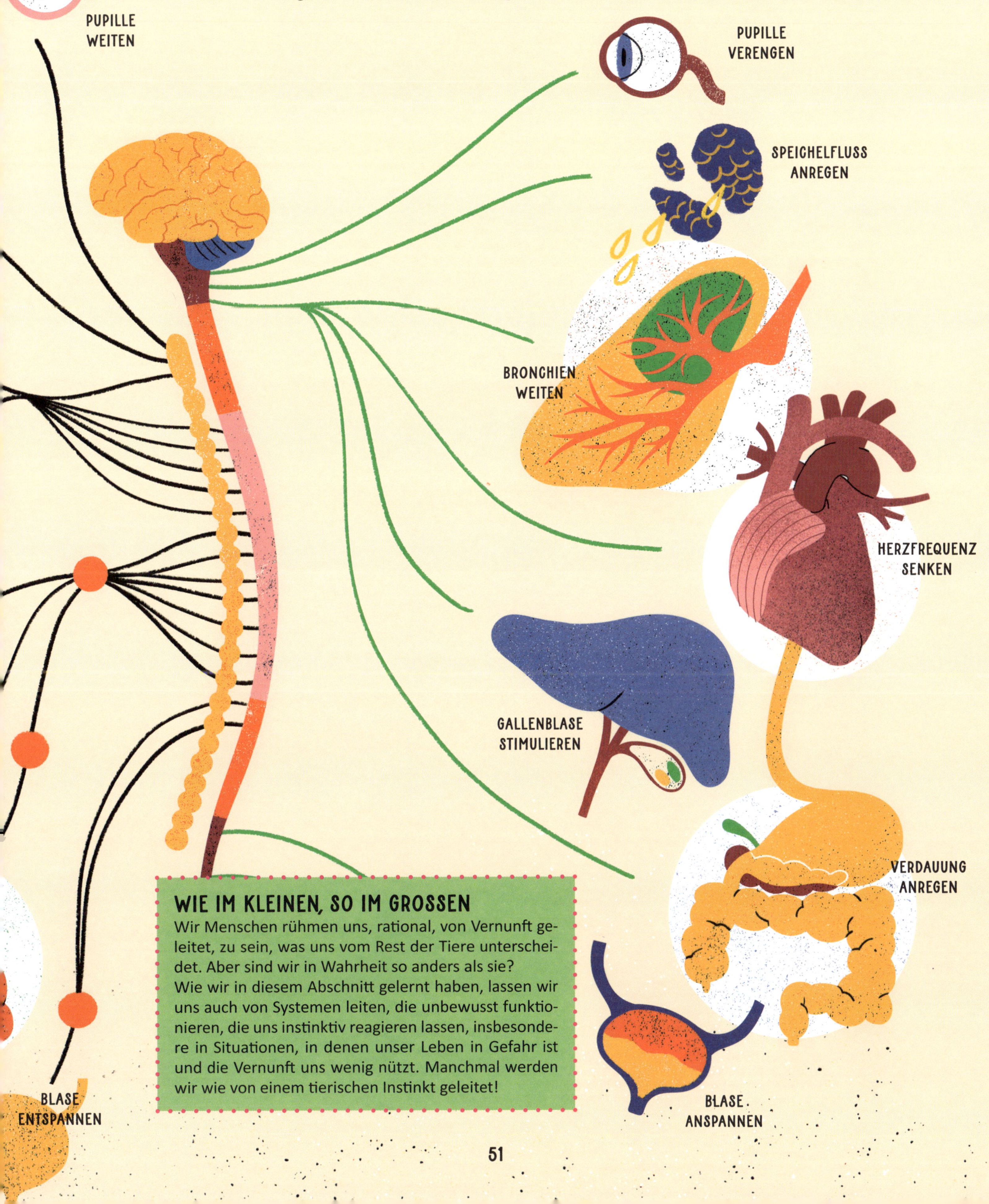

WIE IM KLEINEN, SO IM GROSSEN

Wir Menschen rühmen uns, rational, von Vernunft geleitet, zu sein, was uns vom Rest der Tiere unterscheidet. Aber sind wir in Wahrheit so anders als sie?
Wie wir in diesem Abschnitt gelernt haben, lassen wir uns auch von Systemen leiten, die unbewusst funktionieren, die uns instinktiv reagieren lassen, insbesondere in Situationen, in denen unser Leben in Gefahr ist und die Vernunft uns wenig nützt. Manchmal werden wir wie von einem tierischen Instinkt geleitet!

WIE TERMITENSOLDATEN: DAS IMMUNSYSTEM

Wer verteidigt uns vor ungebetenen Gästen?

DIESES THEMA IST WIRKLICH ZIEMLICH FASZINIEREND. WIR WERDEN ÜBER DAS IMMUNSYSTEM SPRECHEN, DAS SYSTEM, DAS SICH UM DIE VERTEIDIGUNG UNSERES KÖRPERS KÜMMERT. ABER WOVOR SCHÜTZT ES UNS? VOR ALLEM VOR KRANKHEITSERREGERN: VIREN, BAKTERIEN UND PILZEN, DIE IN UNSEREN KÖRPER EINZUDRINGEN VERSUCHEN UND ZU KRANKHEITEN FÜHREN KÖNNEN. DAS IMMUNSYSTEM BESEITIGT AUCH ALTE ODER ABGESTORBENE ZELLEN UND SOLCHE, DIE NICHT MEHR GUT FUNKTIONIEREN UND UNSEREM KÖRPER SCHADEN ZUFÜGEN KÖNNEN.

An dieser Stelle ist die Frage zu stellen: Wenn das Immunsystem gegen äußere Mikroorganismen vorgeht, wie kommt es dann, dass es nicht auch mikrobielle Populationen zerstört, die in Symbiose mit unserem Körper leben? Das Immunsystem ist tatsächlich in der Lage, das, was zu unserem Körper gehört, von dem zu unterscheiden, was von außen kommt und daher als Bedrohung empfunden wird. Es besteht aus drei Hauptverteidigungslinien, die wir uns fast wie drei Barrikaden vorstellen können, die zum Schutz einer Festung errichtet wurden. Wenn eine der Barrikaden nicht mehr hält, kommen die anderen ins Spiel ... aber wie funktioniert das?

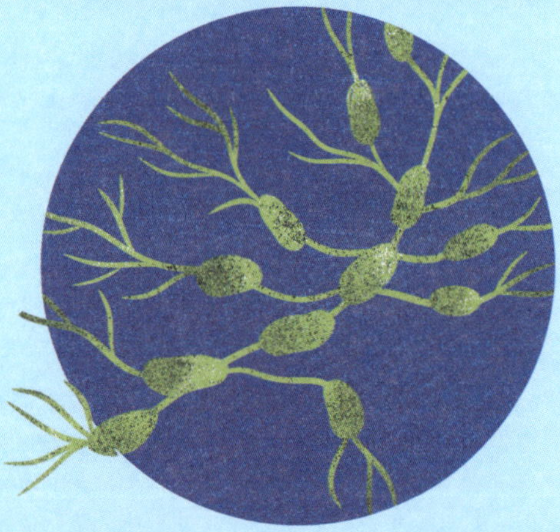

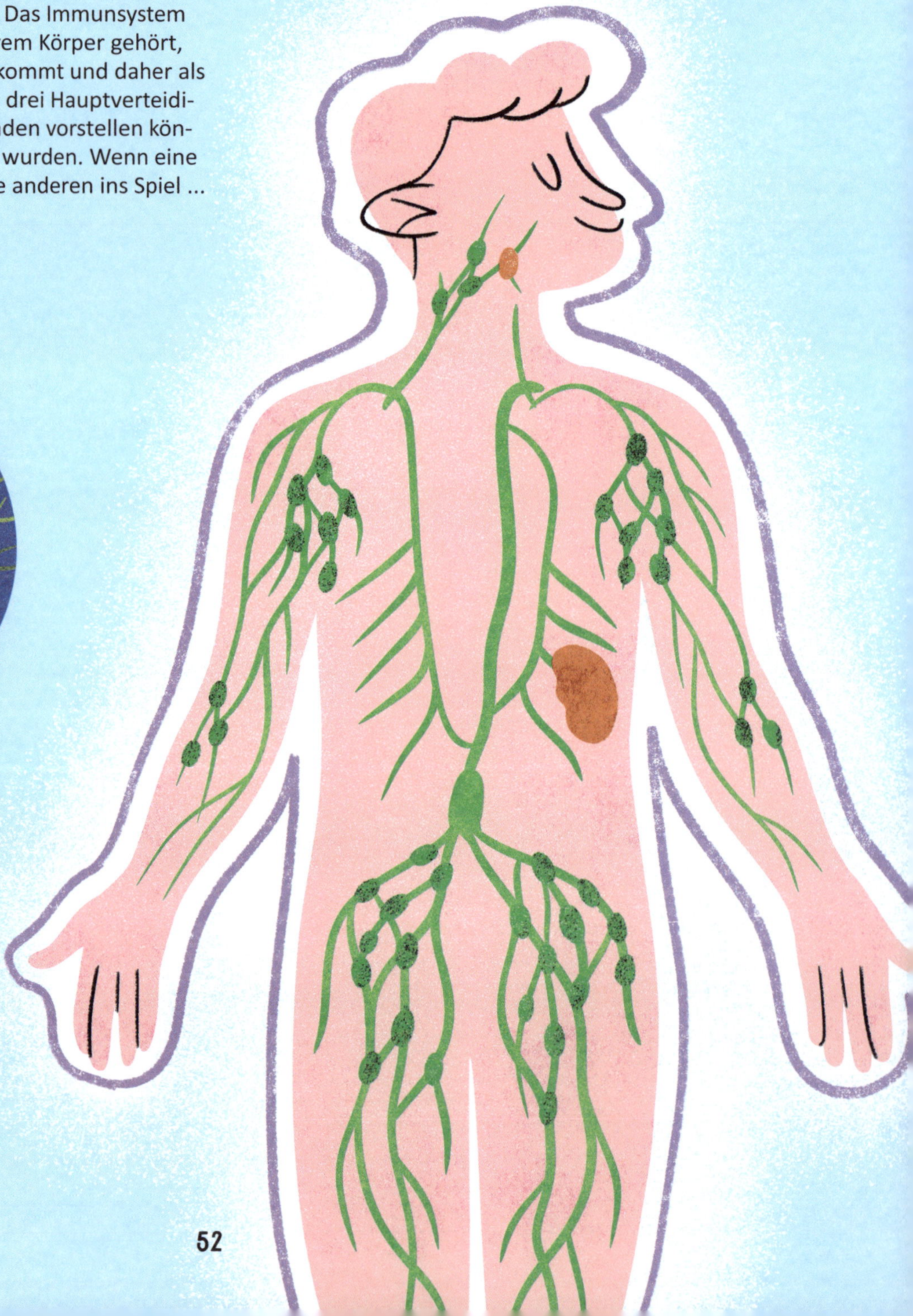

ERSTE BARRIERE: Äußere Einwirkungen treffen zunächst auf ein echtes physisches Hindernis an der Außenseite des Körpers: unsere Haut. Zusammen mit ihr wirken weitere äußere Abwehrmechanismen, um das Eindringen von Krankheitserregern zu verhindern. Auf das umfassende und komplexe Organ und seine Mechanismen werden wir noch näher eingehen, aber für den Moment kann man es sich einfach als eine Mauer vorstellen, die das Äußere vom Inneren trennt und Schutz bietet.

WEISSE BLUTKÖRPERCHEN: Gelingt es Krankheitserregern, die Barriere der Haut zu überwinden oder über die Atemluft oder die aufgenommene Nahrung in den Körper einzudringen, dann kommen die beiden anderen Abwehrmechanismen ins Spiel. Und da wird es kompliziert.
Die Barrieren, die an diesem Punkt aktiviert werden, werden als **angeborene bzw. erworbene Immunantwort** bezeichnet. Aber wer sorgt für diese Reaktionen? Es sind die **Immunzellen**, die weißen Blutkörperchen, die als Wächter in unserem Körper unterwegs sind. Diese Zellen befinden sich nicht nur im Blutkreislauf, sie bewegen sich auch durch die Lymphe und zwischen den Organen des Immunsystems. Sie haben die Aufgabe, die Begegnung zwischen den Zellen des Immunsystems und den Krankheitserregern zu erleichtern.

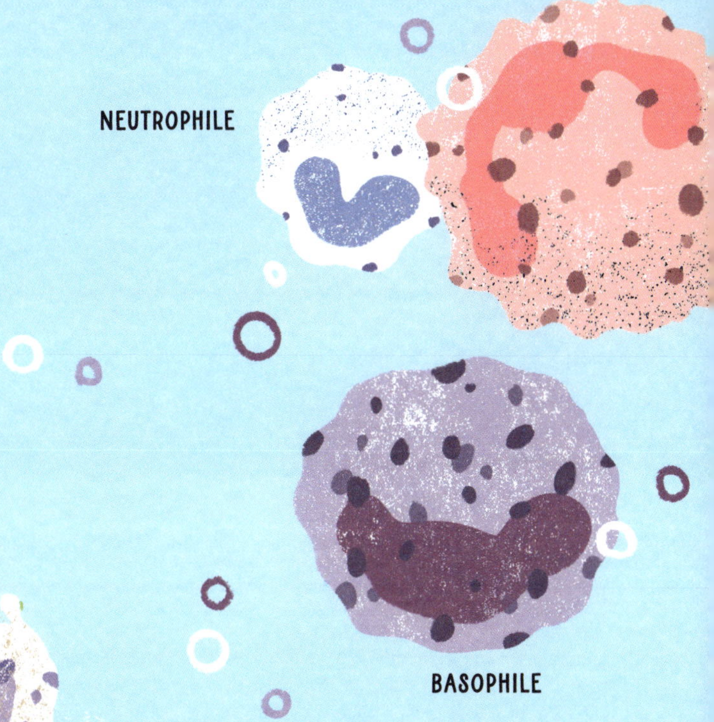

LYMPHATISCHES SYSTEM:
Lymphe? Wovon reden wir eigentlich? Bei der Lymphe handelt es sich um eine flüssige Substanz, die sich in den Lymphgefäßen bewegt, röhrenförmigen Gebilden, die zum Lymphsystem gehören und die überschüssige Flüssigkeit aus den Geweben unseres Körpers auffangen: die Lymphe, um genau zu sein. In dieser Flüssigkeit befinden sich, genau wie im Blut, weiße Blutkörperchen. Entlang der Lymphgefäße finden wir die **Lymphknoten**, die die Lymphe filtern und es den Immunzellen ermöglichen, sich mit den in der gesammelten Flüssigkeit vorhandenen Eindringlingen zu beschäftigen.

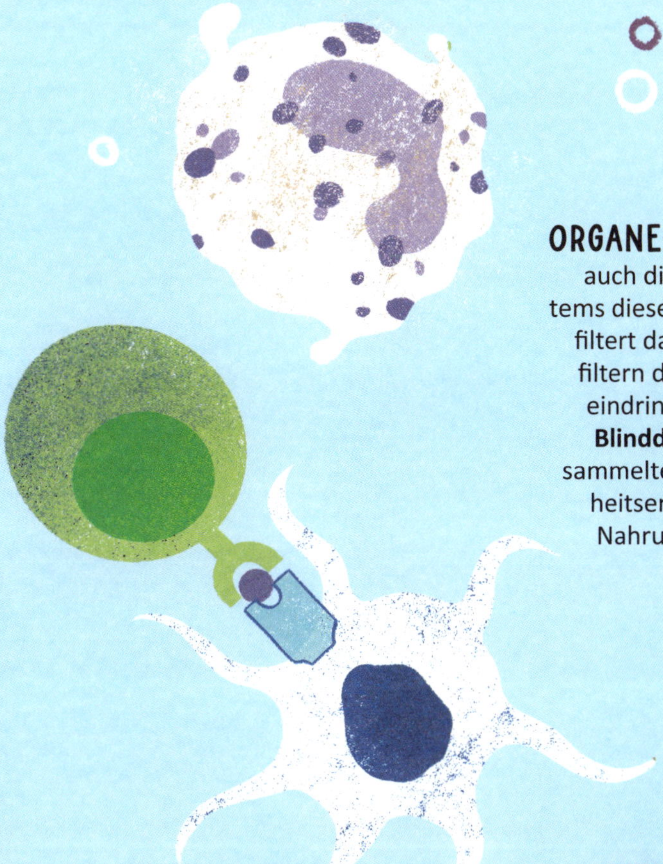

ORGANE: Neben den Lymphknoten haben auch die anderen Organe des Immunsystems dieselbe Aufgabe: das Filtern. Die **Milz** filtert das Blut, die **Mandeln und Polypen** filtern die Luft, die durch Nase und Mund eindringt, und die **Peyer-Drüsen** und der **Blinddarm** ermöglichen es den hier versammelten weißen Blutkörperchen, Krankheitserreger zu beseitigen, die durch die Nahrungsaufnahme eingedrungen sind.

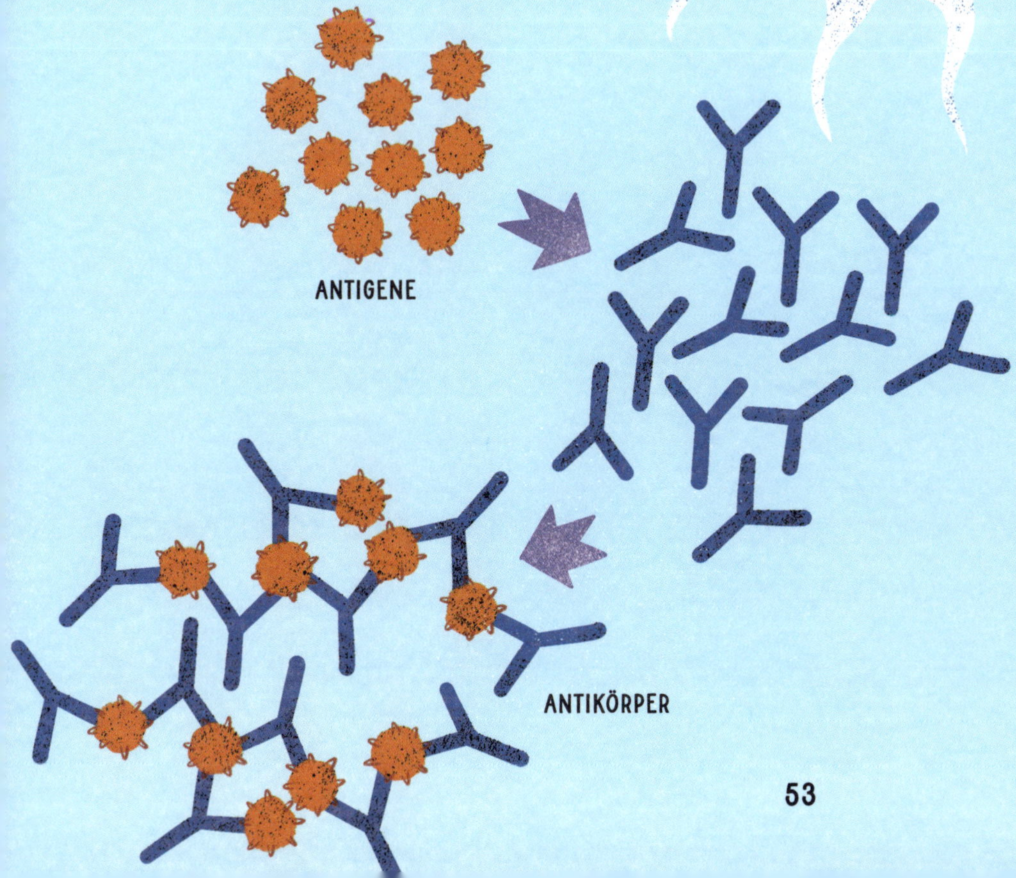

ANTIKÖRPER: Aber wie erkennen die Zellen des Immunsystems Krankheitserreger? Weiße Blutkörperchen identifizieren Antigene als fremde Moleküle durch das Vorhandensein von Membranrezeptoren. Wir sind bereits im Zusammenhang mit der zellulären Kommunikation auf sie gestoßen: Es handelt sich um Proteinstrukturen, die in der Lage sind, gezielt ein einzelnes Molekül zu binden, das in diesem Fall ein Antigen ist! Wir werden auch eine andere Art von Proteinstruktur kennenlernen: die **Antikörper**! Die Funktion, die sie erfüllen, ist der der Rezeptoren sehr ähnlich.

WENN DIE BARRIEREN NICHT HALTEN

Warum bekommen wir Fieber?

WIR WISSEN JA, DASS AN DIESEM PUNKT DIE WEISSEN BLUTKÖRPERCHEN INS SPIEL KOMMEN UND DIE IMMUNANTWORTEN AKTIVIEREN: DIE ANGEBORENE UND DIE ERWORBENE IMMUNANTWORT, DIE DIE LETZTEN BEIDEN BARRIEREN DER KÖRPEREIGENEN ABWEHR DARSTELLEN. ZUERST WIRD DIE ANGEBORENE IMMUNANTWORT AUSGELÖST UND, WENN DAS NICHT AUSREICHT, DIE ERWORBENE IMMUNANTWORT. DIE AKTEURE, DIE DIESE BEIDEN REAKTIONEN AUSLÖSEN, SIND UNTERSCHIEDLICH.

ANGEBORENE IMMUNANTWORT: Sie ist eine Fähigkeit des Immunsystems, die von Geburt an entwickelt wird, und ihre Reaktionsmechanismen sind immer gleich, egal, welcher Art der Erreger ist, der sich in unserem Körper befindet.

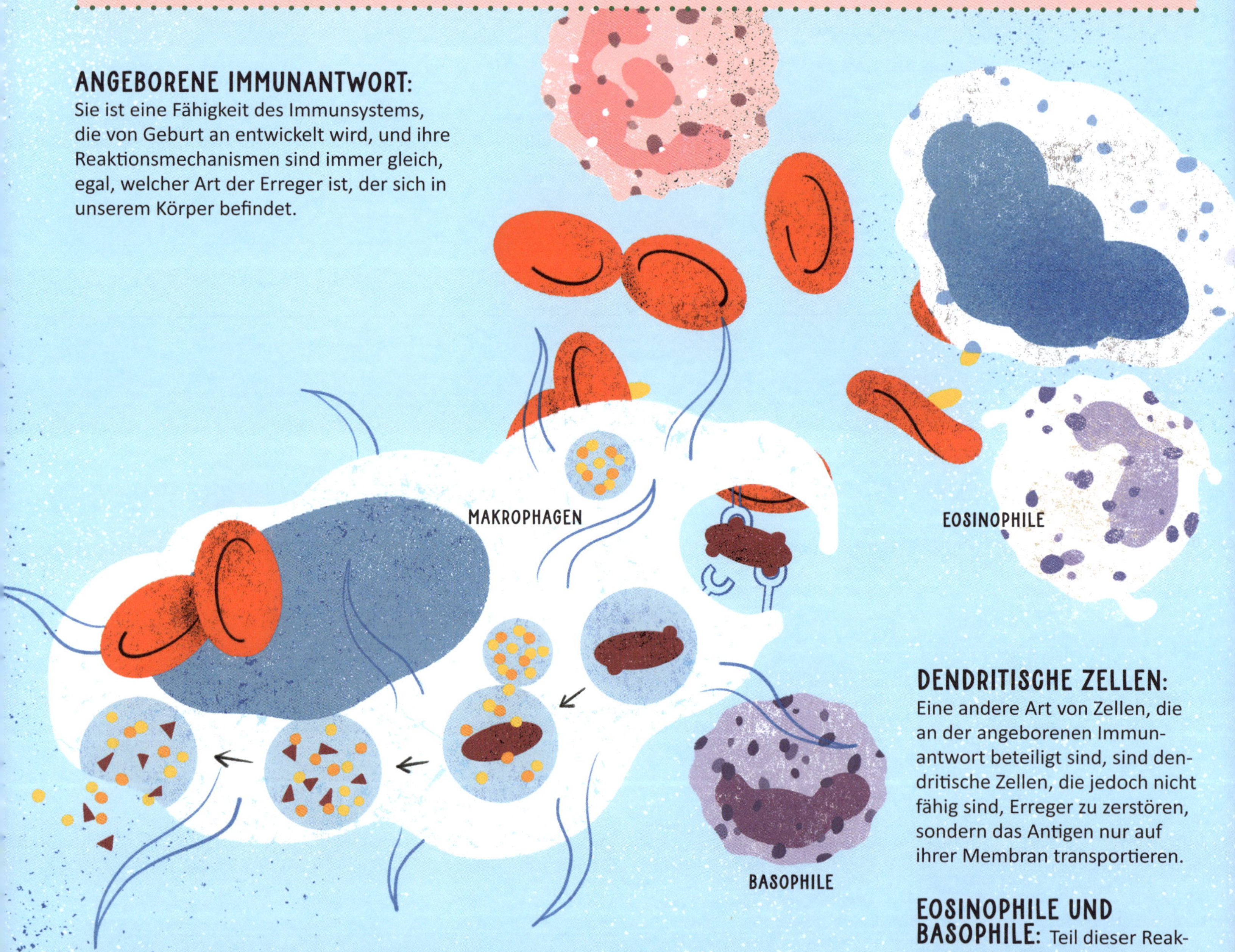

DENDRITISCHE ZELLEN: Eine andere Art von Zellen, die an der angeborenen Immunantwort beteiligt sind, sind dendritische Zellen, die jedoch nicht fähig sind, Erreger zu zerstören, sondern das Antigen nur auf ihrer Membran transportieren.

EOSINOPHILE UND BASOPHILE: Teil dieser Reaktion sind Eosinophile und Basophile, die toxische Substanzen aus ihrem Zellplasma gegen Parasiten absondern, sowie natürliche Killerzellen, die in der Lage sind, sich krankhaft verhaltende und infizierte Zellen zu eliminieren.

MAKROPHAGEN UND NEUTROPHILE: Die Zellen der angeborenen Immunantwort sind vielfältig und arbeiten auf unterschiedliche Weise: Diese Zellen, Makrophagen und Neutrophile genannt, sind in der Lage, Krankheitserreger zu zerstören (**phagozytieren**). Phagozyt bedeutet »Fresszelle«! Makrophagen und Neutrophile sind in der Lage, äußere Erreger zu erkennen und dank der Rezeptoren auf ihren Membranen das Antigen zu binden. Nach der Erkennung nehmen diese Zellen die Krankheitserreger auf, verdauen sie in ihren Lysosomen (Zellmägen) und zerstören sie.

ERWORBENE IMMUNANTWORT:

Die letzte Barriere, die die Abwehr unseres Körpers verteidigt, ist die erworbene Immunantwort. Im Gegensatz zur angeborenen entwickelt sich die erworbene Immunantwort im Laufe des Wachstums und des Kontakts mit verschiedenen Krankheitserregern. Sie ist auch spezifisch: Sie verändert sich mit dem Kontakt mit verschiedenen Arten von Krankheitserregern. Und wie wird die Immunreaktion reguliert? Die Zellen sind in der Lage, Moleküle, sogenannte Zytokine, freizusetzen. Diese Stoffe koordinieren alles, was im Immunsystem geschieht.

LYMPHOZYTEN: Die an dieser Reaktion beteiligten Zellen sind die Lymphozyten, bei denen man zwischen B-Zellen und T-Zellen unterscheidet. Diese bewegen sich, wie alle weißen Blutkörperchen, im Körper, können aber nur ein Antigen binden. Die T-Zellen verfügen über einen spezifischen Rezeptor, der ein einziges fremdes Molekül erkennt, während die B-Zellen einen Oberflächenantikörper besitzen, ein Molekül, das die gleiche Rolle wie der Rezeptor spielen kann. Wenn Lymphozyten auf ihr eigenes Antigen stoßen, werden sie aktiviert und teilen sich wiederholt, wobei sie andere, mit ihnen identische Zellen bilden. Einige dieser Klone kämpfen gegen Krankheitserreger, andere gehen in einen Zustand der Inaktivität über und werden als Gedächtniszellen bezeichnet. Die Gedächtniszellen werden wieder aktiviert, wenn derselbe Krankheitserreger erneut in den Körper eindringt, dann aber viel schneller und effektiver!

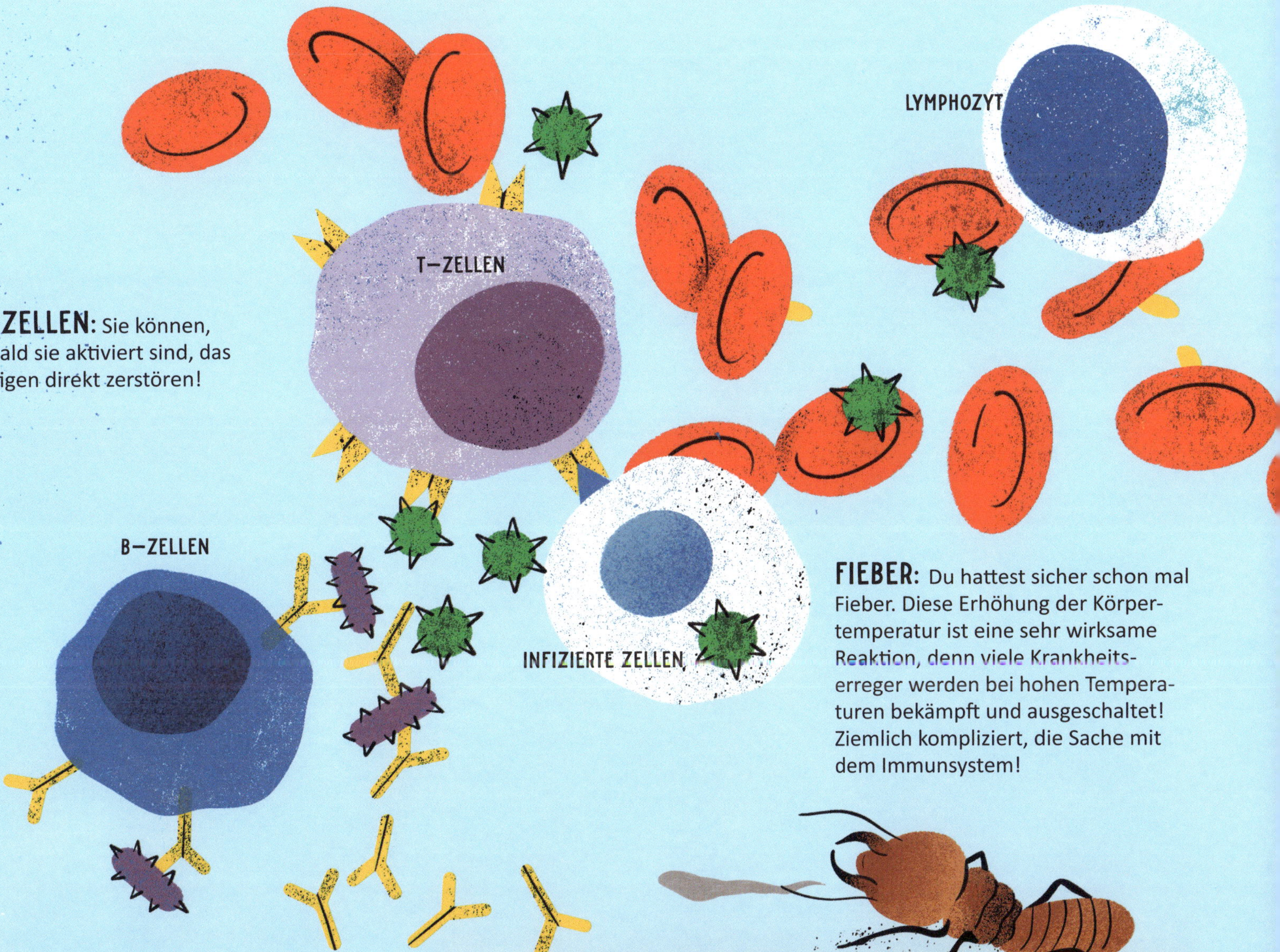

T-ZELLEN: Sie können, sobald sie aktiviert sind, das Antigen direkt zerstören!

FIEBER: Du hattest sicher schon mal Fieber. Diese Erhöhung der Körpertemperatur ist eine sehr wirksame Reaktion, denn viele Krankheitserreger werden bei hohen Temperaturen bekämpft und ausgeschaltet! Ziemlich kompliziert, die Sache mit dem Immunsystem!

B-ZELLEN: Sobald die Bindung an Antigen-Antikörper erfolgt ist, werden die B-Zellen aktiviert und produzieren eine Vielzahl von Antikörpern, d. h. Eiweißmoleküle, die sich in großer Zahl an das Antigen binden und es für die Zellen der angeborenen Immunität sichtbar machen. Diese können es dann abtöten (phagozytieren).

WIE IM KLEINEN, SO IM GROSSEN

Wir wissen bereits, dass einige Tiergruppen so komplex organisiert sind, dass ihre Gesellschaft mit einem Superorganismus verglichen werden kann. Individuen mit der gleichen Aufgabe bilden eine Kaste. Wie Bienenstöcke sind auch Termitenkolonien auf diese Weise organisiert, und die Verteidigung der Gesellschaft obliegt der Kaste der Soldaten. Sie haben, genau wie die Immunzellen in unserem Organismus, körperliche Eigenschaften, die es ihnen ermöglichen, die Kolonie im Falle eines Angriffs von außen zu verteidigen.

ERMÖGLICHT DIE KOMMUNIKATION MIT DER UMGEBUNG: DIE HAUT

Woher kommen unsere Haare?

JETZT KONZENTRIEREN WIR UNS AUF DIE HAUT, EIN ORGAN (JA, WIRKLICH EIN ORGAN!), DAS WIR MANCHMAL ÜBERSEHEN, DAS ABER VON GROSSER BEDEUTUNG IST. WIE WIR GESEHEN HABEN, IST DIE HAUT EIN WESENTLICHER BESTANDTEIL DER ABWEHRKRÄFTE UNSERES KÖRPERS, ABER NICHT NUR DAS! WELCHE ANDEREN AUFGABEN ERFÜLLT SIE? WERFEN WIR ZUNÄCHST EINEN BLICK AUF DIE STRUKTUR DIESES UMFANGREICHEN ORGANS. DENN DIE HAUT BESTEHT NICHT NUR AUS DEM, WAS WIR VON AUSSEN SEHEN KÖNNEN!

FUNKTIONEN DER HAUT: Die Haut bildet eine Barriere gegen die für uns sehr schädlichen ultravioletten (UV) Strahlen. Wenn wir uns der Sonne aussetzen, produzieren die Zellen, die **Melanozyten** genannt werden, **Melanin**, ein Pigment, das, wenn es einmal produziert ist, zu einem Schutzschild gegen UV-Strahlen wird und uns die ersehnte Bräune verleiht. Die Haut ist auch für die **Wärmeregulierung** von entscheidender Bedeutung. Sie ermöglicht es uns, die Körpertemperatur bei Hitze oder Kälte konstant zu halten. Der **Schweiß**, der von den Schweißdrüsen produziert wird, ist an dieser Funktion beteiligt. Auch die Unterhaut trägt zur Regulierung der Körpertemperatur bei: Sie speichert die Wärme in unserem Körper. Sie hat aber noch zwei weitere sehr wichtige Funktionen: Die in den Fettzellen enthaltenen Lipide können bei Bedarf als Energiequelle genutzt werden, und der sogenannte »Speck« bildet ein weiches Polster, das Stöße von außen abfedert.

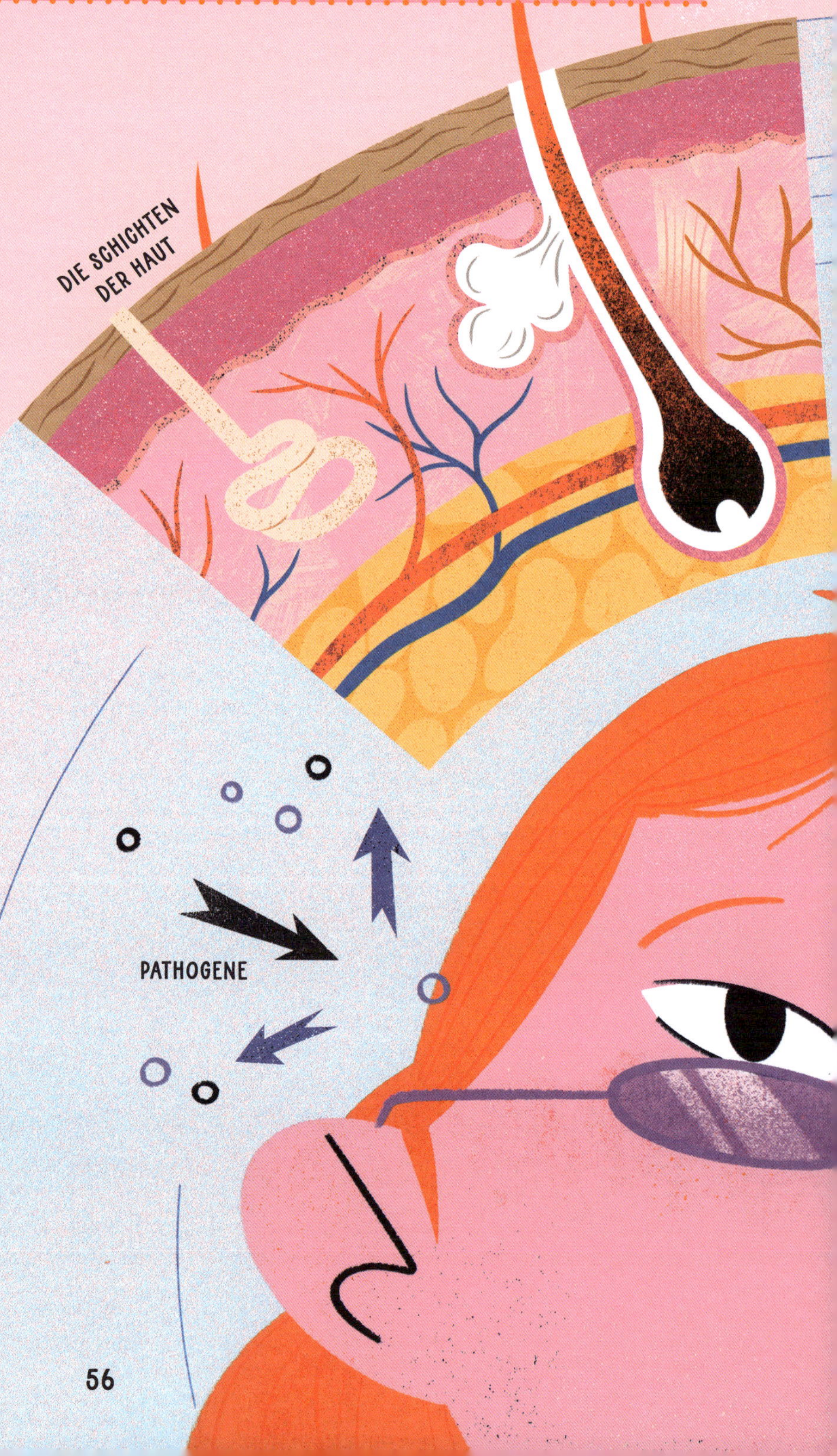

TALG: Wir wissen ja, dass die Haut eine Barriere für Krankheitserreger darstellt: Sie ist eine regelrechte Mauer, die verhindert, dass Krankheitserreger von außen in unseren Körper gelangen. Der **Talg**, der von den Talgdrüsen in der Oberhaut produziert wird, spielt dabei ebenfalls eine Rolle. Talg besteht aus lipidhaltigen Substanzen, die eine keimhemmende Wirkung haben und uns außerdem helfen, den Wasserhaushalt zu regulieren!

DIE HAUT BESTEHT AUS DREI SCHICHTEN, DIE EPIDERMIS (OBERHAUT), DERMIS (LEDERHAUT) UND HYPODERMIS (UNTERHAUT) HEISSEN. JEDE SCHICHT BESTEHT AUS VERSCHIEDENEN ZELLEN UND HAT SEHR UNTERSCHIEDLICHE EIGENSCHAFTEN.

EPIDERMIS: Alles, was unseren Körper bedeckt und was wir von außen sehen können, gehört zu der Oberhaut. Da diese oberste Schicht am stärksten den äußeren Einflüssen ausgesetzt ist, ist sie unglaublich dynamisch: Hier gehen ständig Zellen verloren und werden ersetzt; gleichzeitig werden in der tiefsten Schicht ständig neue Zellen gebildet, die nach oben wandern, bis sie die Oberfläche erreichen, wo sie später durch Abschuppung verloren gehen.

DERMIS: Unter der Epidermis liegt die Dermis (Lederhaut). Sie besteht aus Bindegewebe. Die Dermis ist für die Elastizität und Widerstandsfähigkeit der Haut verantwortlich, dank der **Kollagen- und Elastinmoleküle**, Proteine, die der Haut diese Eigenschaften verleihen. In dieser Schicht befinden sich auch die **Haarfollikel**, aus denen Haare und Härchen wachsen. Haare sind hochsensible Rezeptoren und für die Wahrnehmung äußerer Reize wichtig. Auch die Talg- und Schweißdrüsen sitzen in dieser Schicht.

HYPODERMIS: Die dritte Schicht, aus der die Haut besteht, ist die Unterhaut. Sie ist die tiefste Schicht und besteht ebenfalls aus Bindegewebe, aber im Gegensatz zur Dermis werden die Zellen, aus der sie besteht, **Adipozyten** genannt. Das sind Zellen, die in ihrem Inneren sehr viele Lipide enthalten: Sie bilden praktisch eine »Speckschicht«, die für unseren Körper wichtig ist!

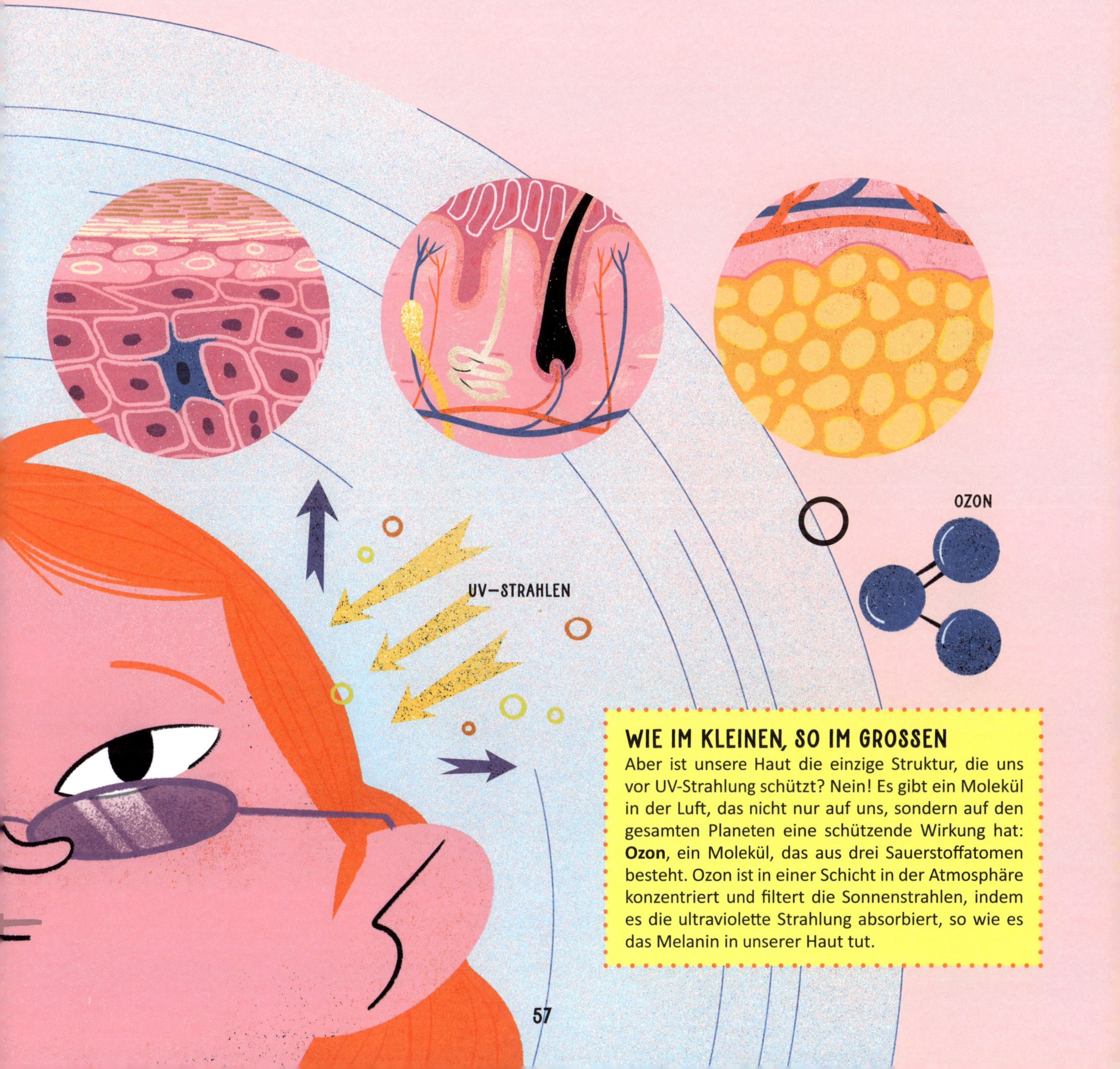

WIE IM KLEINEN, SO IM GROSSEN

Aber ist unsere Haut die einzige Struktur, die uns vor UV-Strahlung schützt? Nein! Es gibt ein Molekül in der Luft, das nicht nur auf uns, sondern auf den gesamten Planeten eine schützende Wirkung hat: **Ozon**, ein Molekül, das aus drei Sauerstoffatomen besteht. Ozon ist in einer Schicht in der Atmosphäre konzentriert und filtert die Sonnenstrahlen, indem es die ultraviolette Strahlung absorbiert, so wie es das Melanin in unserer Haut tut.

WENN DIE HÜLLE RISSE BEKOMMT

Was passiert, wenn du dir das Knie aufschlägst?

DIE HAUT IST EIN FANTASTISCHES GEBILDE, DAS DIE GESUNDHEIT UNSERES KÖRPERS GEWÄHRLEISTET. WAS PASSIERT, WENN DIESES WICHTIGE ORGAN GESCHÄDIGT WIRD? WIR ALLE SIND SCHON EINMAL GESTÜRZT UND HABEN UNS DAS KNIE AUFGESCHLAGEN ODER UNS BEIM KOCHEN GESCHNITTEN. DAS, WAS PASSIERT, WENN DIE HÜLLE, DIE UNS UMGIBT, RISSE BEKOMMT, IST ETWAS UNGLAUBLICHES: DIE WUNDEN, DIE WIR DER HAUT ZUGEFÜGT HABEN, KÖNNEN HEILEN, UND DIE STELLE, AN DER WIR UNS VERLETZT HABEN, IST FAST WIEDER WIE NEU. DIE PHÄNOMENE, DIE DABEI AUFTRETEN, SIND VIELFÄLTIG!

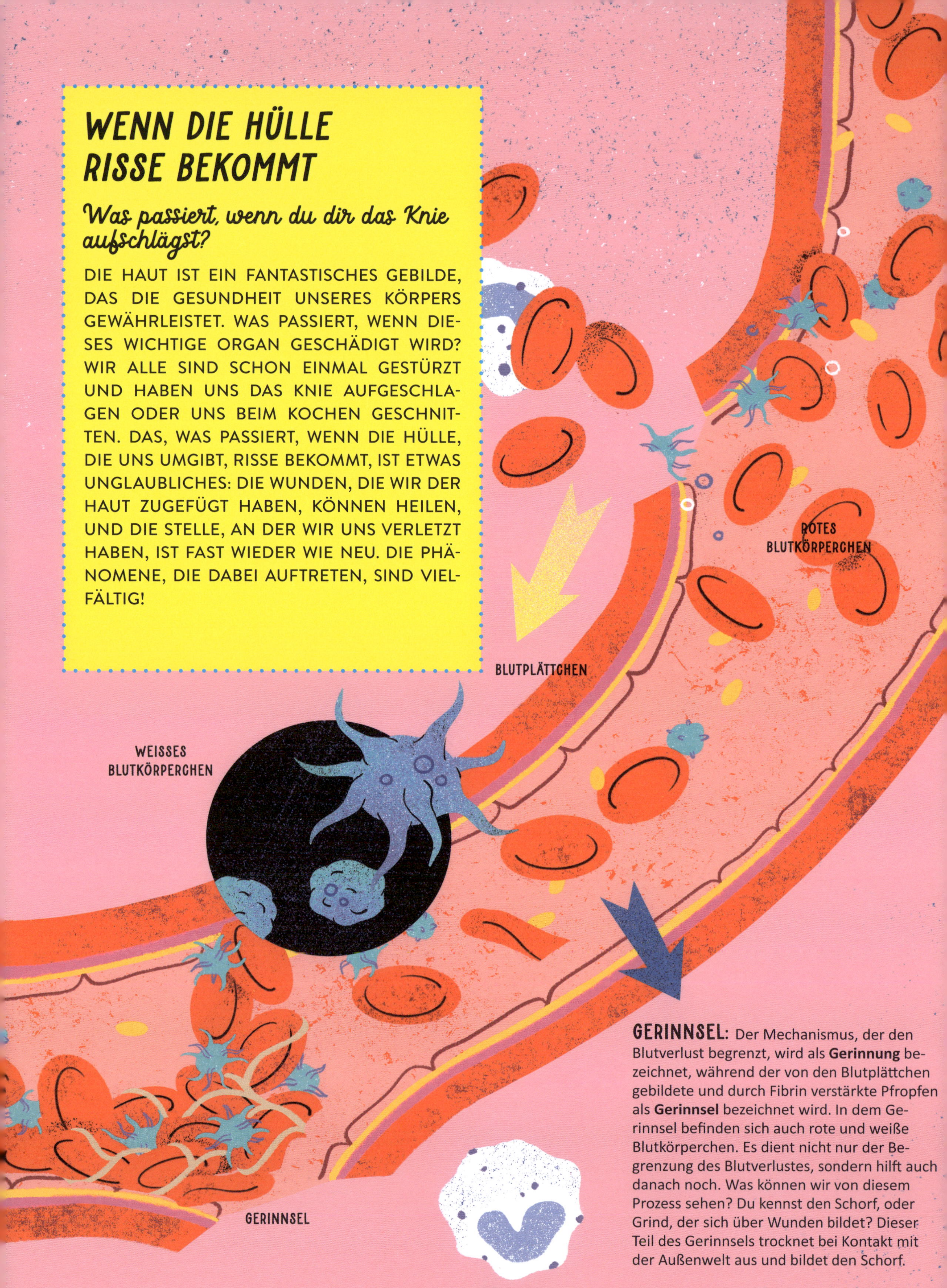

GERINNSEL: Der Mechanismus, der den Blutverlust begrenzt, wird als **Gerinnung** bezeichnet, während der von den Blutplättchen gebildete und durch Fibrin verstärkte Pfropfen als **Gerinnsel** bezeichnet wird. In dem Gerinnsel befinden sich auch rote und weiße Blutkörperchen. Es dient nicht nur der Begrenzung des Blutverlustes, sondern hilft auch danach noch. Was können wir von diesem Prozess sehen? Du kennst den Schorf, oder Grind, der sich über Wunden bildet? Dieser Teil des Gerinnsels trocknet bei Kontakt mit der Außenwelt aus und bildet den Schorf.

BLUTSTILLUNG: Die Heilung einer Wunde verläuft in Etappen. Wenn wir uns schneiden, beginnt das Blut aus der verletzten Stelle zu fließen. Der erste Mechanismus, der aktiviert werden muss, zielt darauf ab, dass möglichst wenig Blut verloren geht. Dieses Phänomen wird als **Blutstillung** bezeichnet. Zunächst werden die Blutplättchen aktiviert. Das sind die Zellfragmente, die zusammen mit den roten und weißen Blutkörperchen zu den Elementen des Blutes gehören. Bei einer Wunde werden die Blutplättchen aktiviert. Sie haften aneinander und an den Wänden des verletzten Gewebes und bilden eine Art Pfropfen, der den Austritt von Blut begrenzt. Dieser Pfropfen ist zerbrechlich und wird später durch **Fibrin** verstärkt, ein im Blut vorkommendes Protein, das im Falle einer Verletzung ein Proteinnetzwerk bildet, das dazu beiträgt, den Blutverlust zu begrenzen.

WUNDREINIGUNG: Die Phase nach der Blutstillung ist entscheidend: Bevor die Wunde heilen kann, muss sie sowohl von eventuell eingedrungenen Krankheitserregern als auch von beschädigten und abgestorbenen Zellen gereinigt werden. Die weißen Blutkörperchen werden durch die erhöhte Blutzufuhr an die Wunde transportiert, ebenso Zellen, die in der Lage sind, Phagozytose zu betreiben und Krankheitserreger und tote Zellen zu beseitigen.

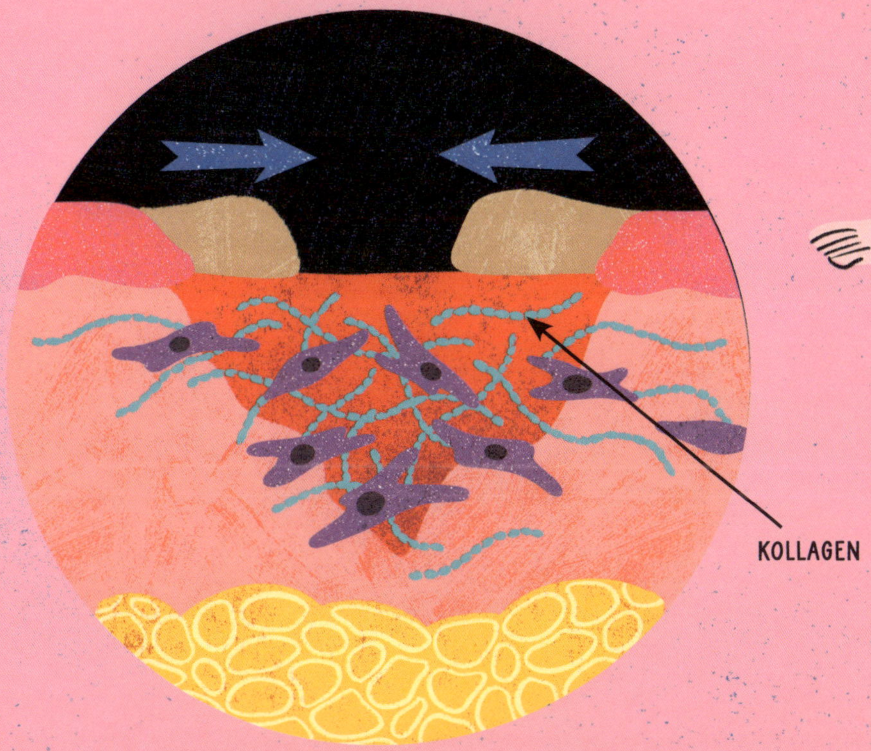

REGENERATION: In dieser Phase wird das geschädigte Gewebe wiederaufgebaut. Das ist ein sehr komplizierter Mechanismus. Als Erstes findet die Bildung neuer Blutgefäße statt. Das ist wichtig, damit Sauerstoff und Nährstoffe, die für das Überleben der Zellen unerlässlich sind, ankommen können. Danach vermehren sich die Fibroblasten, die Zellen in der Dermis, die eine Kollagenmatrix bilden. Sie hält die Haut elastisch. Darin vermehren sich schließlich die Zellen der Epidermis und stellen die ursprüngliche Struktur wieder her.

WIE IM KLEINEN, SO IM GROSSEN

Wie unser Körper versucht, die Wunden zu heilen, so versucht auch die Natur immer wieder, sich zu regenerieren: Pflanzen, Tiere, Pilze und ganze Ökosysteme sind in der Lage, ihren ursprünglichen Zustand wiederherzustellen.

INTERAKTION MIT DER UMGEBUNG: UNSERE FÜNF SINNE

Wie kommunizieren wir mit unserer Umwelt?

WIR ALLE SIND AUCH DAS PRODUKT DER INTERAKTION MIT DER UMWELT, IN DER WIR LEBEN. DIESE GILT FÜR UNS MENSCHEN EBENSO WIE FÜR TIERE, PFLANZEN UND LEBEWESEN, DIE WIR VIELLEICHT ALS NATURFERNER BETRACHTEN, WIE ZUM BEISPIEL MIKROORGANISMEN. ABER WAS BEDEUTET DIESES »WIR SIND DAS PRODUKT UNSERER INTERAKTION MIT DER UMWELT«?

UMWELT: Was wir werden, entsteht aus der Schnittmenge zwischen dem, was in unserer DNA enthalten ist, und unserer Umgebung. Die Umwelt, in der wir leben, prägt uns und bestimmt damit unsere Entwicklung und unser Verhalten. Das gilt für alle Lebewesen! Versuchen wir, dies an einem Beispiel zu verdeutlichen: Die Menschen haben es geschafft, fast jede Umgebung auf unserem Planeten zu besiedeln. Dazu haben sie sich körperlich und in ihren Verhaltensweisen so entwickelt, dass sie überleben können. Hast du dich jemals gefragt, warum Menschen unterschiedliche Hautfarben haben?

Es war eine Anpassung an das Leben an Orten, wo die Sonneneinstrahlung die Erdoberfläche auf andere Weise erreicht: In der Nähe des Äquators ist die Sonneneinstrahlung sehr stark, sodass es notwendig war, eine dunklere Haut zu entwickeln, um sich zu schützen; andererseits wird die Haut der Völker umso heller, je weiter sie vom Äquator entfernt sind. Wir können feststellen, dass sich die Lebensweise eines Inuit stark von der eines Hochgebirgsbewohners unterscheidet, die wiederum ganz anders ist als die eines Volkes, das im Regenwald des Amazonas lebt.

In der Tat sind sogar einige unserer Verhaltensweisen und Lebensweisen in unserer DNA verankert. Aber wir sind, wer wir sind, nicht nur wegen dem, was wir in diesem Buch betrachten.

DNA UND UMWELT: Ganz am Anfang dieses Buches haben wir gelernt, dass unsere körperlichen Eigenschaften durch das bestimmt werden, was auf der DNA, unserem Bauplan, steht. Die Farbe unserer Augen und Haare, die Körpergröße, die Form unserer Lippen – all diese Informationen sind auf diesem wichtigen Molekül vermerkt.

SINNESORGANE: Die Interaktion mit unserer Umgebung ist also entscheidend für das Überleben! Aber wie können wir unsere Umgebung wahrnehmen und mit ihr in Kontakt treten? Du ahnst es: Es geschieht durch unsere Sinnesorgane!

5 SINNE: Jedes Sinnesorgan entspricht einem der fünf klassischen Sinne: Die Augen entsprechen dem **Sehen**, die Ohren dem **Hören**, die Nase ist verantwortlich für das **Riechen**, die Zunge für das **Schmecken** und schließlich die Haut für das **Tasten**. Die Sinnesorgane sind in der Lage, Informationen aus der äußeren Umgebung aufzunehmen und sie an das zentrale Nervensystem weiterzuleiten, das sie in Reaktionen umwandelt. In den nächsten fünf Abschnitten werden wir im Detail erforschen, wie die einzelnen Sinnesorgane funktionieren.

WIE IM KLEINEN, SO IM GROSSEN

Lebewesen sind in der Lage, ihre Umwelt wahrzunehmen, und das ist für ihr Überleben absolut entscheidend! Funktionieren diese Mechanismen auch bei Mikroorganismen? Aber wie ist es möglich, dass ein Bakterium etwas wahrnimmt? Es hat weder Sinnesorgane noch ein Nervensystem ... Es hat jedoch Instrumente, die wir bereits kennengelernt haben, die Rezeptoren: Diese Proteine sind in der Lage, bestimmte Moleküle zu binden und so das Bakterium auf deren Anwesenheit aufmerksam zu machen. Eine entscheidende Fähigkeit! Stell dir vor, du wärst an der Stelle eines Bakteriums: Du bist zwar nicht mit Sinnesorganen ausgestattet, aber du kannst die Anwesenheit bestimmter Moleküle, die du als Nahrung nutzen kannst, oder die Anwesenheit schädlicher Stoffe wahrnehmen.

SEHEN

Wie können wir sehen?

STELLEN WIR UNS VOR, DASS WIR EINEN WALDSPAZIERGANG IM FRÜHLING MACHEN. DIE BÄUME ENTWICKELN IHRE KNOSPEN UND ZEIGEN IHRE NEUEN, SAFTIG GRÜNEN BLÄTTER, DIE ERSTEN BLUMEN LUGEN DURCH DAS UNTERHOLZ, UND DURCH DAS JUNGE LAUB DER BÄUME BLITZT EIN KLARER, BLAUER HIMMEL AUF. WANN IMMER WIR UNS IN DER NATUR BEFINDEN, SOLLTEN WIR DARÜBER STAUNEN, WIE VIELE DETAILS, FARBEN UND KONTRASTE WIR WAHRNEHMEN KÖNNEN, DENN DIE MECHANISMEN, DIE ES UNS ERMÖGLICHEN, ZU SEHEN, WAS UNS UMGIBT, SIND WIRKLICH UNGLAUBLICH!

LICHT: Die für das Sehen verantwortlichen Sinnesorgane sind die Augen, doch bevor wir uns kopfüber in die Beschreibung ihrer Funktionsweise stürzen, müssen wir eine kleine Exkursion über das **Licht** machen. Aber warum? Was in unsere Augen eindringt und uns ein visuelles Bild von unserer Umgebung vermittelt, ist Licht. Dabei spielt es keine Rolle, ob es sich um die Strahlung der Sonne oder um künstliches Licht handelt: Wichtig ist, dass es Licht gibt, denn in völliger Dunkelheit ist kein Sehen möglich.

LICHT UND AUGE: Licht beleuchtet Objekte und wird von ihnen teilweise absorbiert und teilweise reflektiert. Das reflektierte Licht wird von unseren Augen wahrgenommen. Wenn wir zum Beispiel die Blätter eines Baumes betrachten, gelangt das von den Blättern reflektierte Licht in unsere Augen und wird dann von unserem Nervensystem zu einem visuellen Bild verarbeitet. Ist das nicht faszinierend? Licht ist die eigentliche Grundlage des Sehens.

AUGE: Was aber passiert, wenn das Licht auf unsere Augen trifft? Das Licht tritt durch die **Hornhaut** ein. Sie ist eine transparente Membran, die das Auge bedeckt und das Licht durchlässt. Sobald es die Hornhaut passiert hat, tritt es durch die **Pupille**. Du kennst die Pupille. Sie ist der kleine schwarze Kreis in der Mitte des Auges, der von dem farbigen Teil des Auges, der **Iris**, umgeben ist. Die Pupille kann ihre Größe verändern: Sie verkleinert sich, wenn viel Licht vorhanden ist, während sie sich vergrößert, wenn wir im Dunkeln sind. Wie geschieht das?

LINSE: Die Pupille ist lediglich ein Loch in der Iris, das Licht hindurchlässt. Je nachdem, wie viel Licht vorhanden ist, kann die Iris die Größe der Pupille verändern. Hinter der Pupille befindet sich die **Augenlinse**, ein weiteres transparentes Konstrukt. Sie lenkt die Lichtstrahlen auf den sensorischen Teil des Auges, die **Netzhaut**. Die Linse ermöglicht es uns, auf Objekte zu fokussieren, die sich in unterschiedlicher Entfernung von unseren Augen befinden. Das Bild, das auf der Netzhaut entsteht, steht auf dem Kopf, das gerade gerichtet wird, sobald die Informationen das Gehirn erreichen.

HORNHAUT

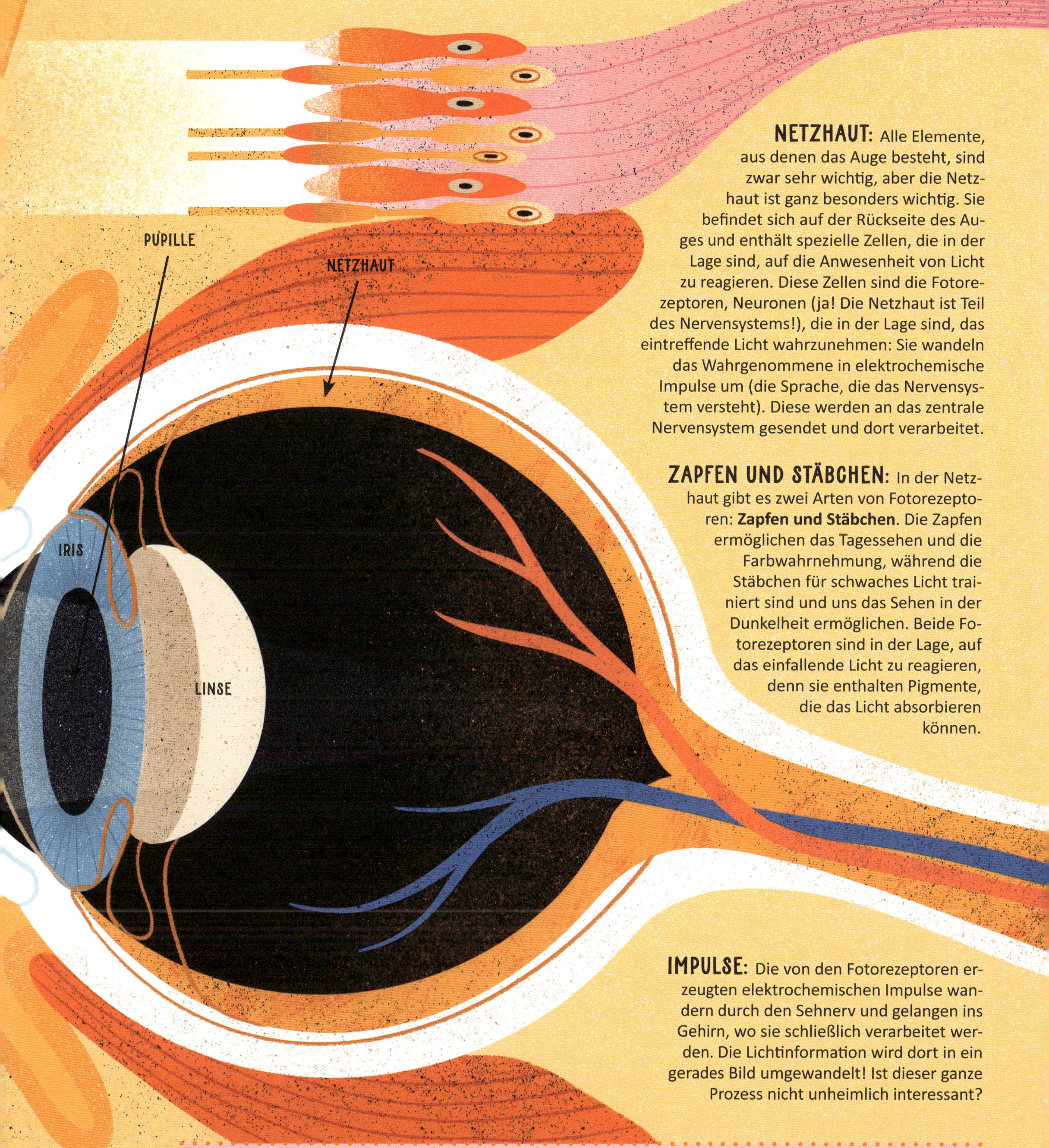

NETZHAUT: Alle Elemente, aus denen das Auge besteht, sind zwar sehr wichtig, aber die Netzhaut ist ganz besonders wichtig. Sie befindet sich auf der Rückseite des Auges und enthält spezielle Zellen, die in der Lage sind, auf die Anwesenheit von Licht zu reagieren. Diese Zellen sind die Fotorezeptoren, Neuronen (ja! Die Netzhaut ist Teil des Nervensystems!), die in der Lage sind, das eintreffende Licht wahrzunehmen: Sie wandeln das Wahrgenommene in elektrochemische Impulse um (die Sprache, die das Nervensystem versteht). Diese werden an das zentrale Nervensystem gesendet und dort verarbeitet.

ZAPFEN UND STÄBCHEN: In der Netzhaut gibt es zwei Arten von Fotorezeptoren: **Zapfen und Stäbchen**. Die Zapfen ermöglichen das Tagessehen und die Farbwahrnehmung, während die Stäbchen für schwaches Licht trainiert sind und uns das Sehen in der Dunkelheit ermöglichen. Beide Fotorezeptoren sind in der Lage, auf das einfallende Licht zu reagieren, denn sie enthalten Pigmente, die das Licht absorbieren können.

IMPULSE: Die von den Fotorezeptoren erzeugten elektrochemischen Impulse wandern durch den Sehnerv und gelangen ins Gehirn, wo sie schließlich verarbeitet werden. Die Lichtinformation wird dort in ein gerades Bild umgewandelt! Ist dieser ganze Prozess nicht unheimlich interessant?

WIE IM KLEINEN, SO IM GROSSEN

Die Grundlage unseres Sehens ist also das Licht! Kennst du noch einen anderen fundamentalen Prozess, dessen Grundlage das Licht ist? Die Chlorophyll-Fotosynthese, die von Pflanzen durchgeführt wird! Unser Sehvermögen und die Fotosynthese sind zwar völlig unterschiedliche Prozesse, aber ihnen liegt das gleiche Prinzip zugrunde. Beide Mechanismen haben ein gemeinsames System gefunden, um Lichtstrahlung zu absorbieren: Pigmente! Genau wie die Fotorezeptoren enthalten auch die Pflanzenzellen der Blätter ein Pigment, das Licht absorbiert: Chlorophyll. Das Komische daran: Wir nehmen Licht wahr, welches das Chlorophyll gar nicht absorbiert: Chlorophyll absorbiert rotes und blaues Licht und reflektiert nur das grüne Licht. Genau aus diesem Grund sehen wir die Blätter einer Pflanze als grün!

HÖREN

Wie hören wir?

STELLEN WIR UNS NOCH EINMAL VOR, DASS WIR IM SELBEN WALD SPAZIEREN GEHEN WIE ZUVOR, DIESES MAL JEDOCH MIT GESCHLOSSENEN AUGEN. DAS SEHVERMÖGEN IST UNSER AM WEITESTEN ENTWICKELTER SINN, UND WENN ER AUSFÄLLT, VERLASSEN WIR UNS AUTOMATISCH MEHR AUF UNSERE ANDEREN SINNE. WIR GEHEN AUF EINEM BETT AUS TROCKENEN BLÄTTERN: BEI JEDEM SCHRITT HÖREN WIR DAS KNISTERN, WENN WIR SIE ZERDRÜCKEN. ÜBER UNS SINGEN VÖGEL, WIR HÖREN INSEKTEN SUMMEN, UND WÄHREND WIR GEHEN, HUSCHEN ERSCHRECKTE EIDECHSEN AUFGEREGT DAVON. WIE SIND WIR IN DER LAGE, ALL DIESE GERÄUSCHE WAHRZUNEHMEN, ZU UNTERSCHEIDEN UND ZU ERKENNEN? DANK UNSERES GEHÖRS!

TON: Die erste Frage, die wir uns stellen müssen, lautet: Was ist ein Ton? Ein Ton ist ein Phänomen, das durch die Schwingung eines Körpers erzeugt wird. Die Saiten einer Gitarre schwingen, wenn sie gezupft werden, und erzeugen einen Ton. In ähnlicher Weise bringt die Luft, die aus der Lunge kommt, die Stimmbänder, kleine Gewebefalten im Kehlkopf, in Schwingung, wodurch wir mit unserer Stimme Töne erzeugen können. Die Schwingungen breiten sich in der Luft aus und werden zu echten Tönen, wenn sie in unsere Ohren gelangen und von unserem Gehirn verarbeitet werden.

AUSSENOHR: Was wir von außen sehen können, ist nur ein Teil des Ohrs, der als **Außenohr** bezeichnet wird und aus der **Ohrmuschel** besteht. Die Ohrmuschel ist eine Struktur aus Knorpel mit zahlreichen Falten und Wölbungen, die den Schall in den **Gehörgang** leiten. Dessen Eingang ist das Loch, das wir an der Außenseite unserer Ohren sehen. Die Schwingungen werden durch den Gehörgang geleitet, bis sie auf das **Trommelfell** treffen, die Membran, die das Außenohr vom **Mittelohr** trennt.

WIE IM KLEINEN, SO IM GROSSEN

Wir wissen bereits, dass alle Lebewesen mit der Welt interagieren, um zu überleben, aber nicht alle tun dies auf dieselbe Weise. Jeder Organismus entwickelt Wege, mit seiner Umgebung zu interagieren. Einige Arten haben die gleichen Sinnesorgane wie wir, zum Beispiel die Ohren, aber ... anders! Das liegt daran, dass sie unter Bedingungen leben, die sich von unseren völlig unterscheiden. Denken wir einmal an Fledermäuse: Sie sind nachtaktive Tiere und nutzen das Sehen nicht als Hauptsinn. Sie haben ein sehr feines Gehör entwickelt, mit dessen Hilfe sie sich orientieren: Sie sind in der Lage, hohe Töne auszustoßen, die, wenn sie auf ein Objekt treffen, von diesem reflektiert und zur Fledermaus zurückgegeben werden. Dank ihres Gehörs können sie verstehen, wohin sie fliegen müssen und wo genau ihre Beute ist!

MITTELOHR: Wenn Schwingungen auf das Trommelfell treffen, setzen sie dieses in Bewegung. Das Trommelfell ist direkt mit dem **Hammer** verbunden, einem der drei **Gehörknöchelchen** im Mittelohr. Wenn sich das Trommelfell bewegt, erschüttert der Hammer zwei andere Gehörknöchelchen, den **Amboss** und den **Steigbügel**. Eine kleine Kuriosität: Diese drei Knöchelchen sind die kleinsten in unserem Körper! Der Steigbügel ist direkt mit einer anderen Membran verbunden, dem **runden Fenster**, das das Mittelohr vom **Innenohr** trennt.

INNENOHR: Die Kette der Gehörknöchelchen überträgt die Schwingungen an das runde Fenster, das sie in den letzten Teil des Ohrs leitet, der mit Flüssigkeit gefüllt ist. Der Hauptbestandteil des Innenohrs ist die **Hörschnecke** (Cochlea), eine schneckenförmige Struktur. Im Inneren der Cochlea befindet sich ein sehr wichtiges Organ für die Schallwahrnehmung, das **Corti-Organ**.

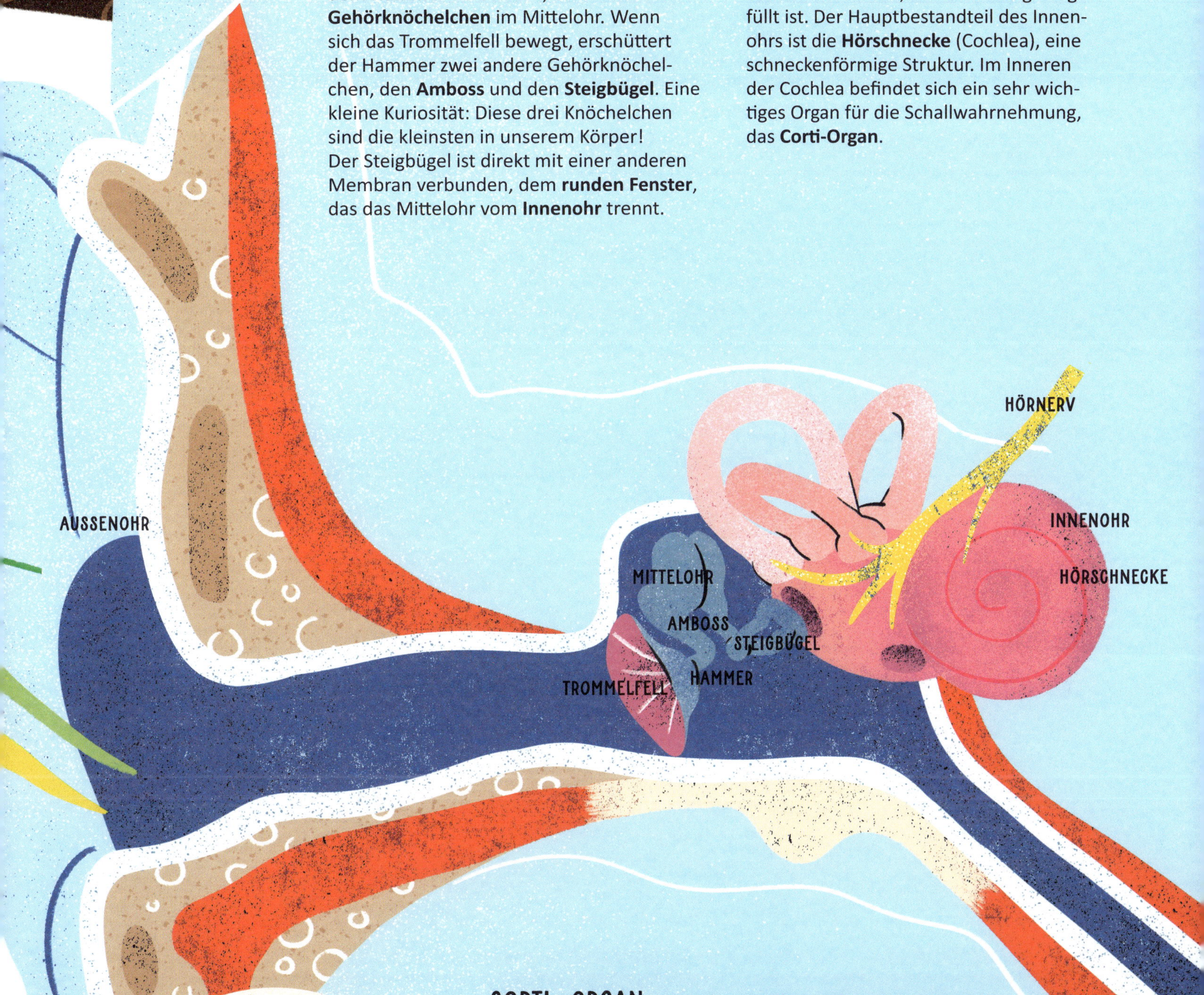

CORTI-ORGAN: Es wird von Zellen gebildet, die mit **Flimmerhärchen** ausgestattet sind. Sobald das runde Fenster durch die Kette der Gehörknöchelchen in Schwingung versetzt wird, vibriert auch die Flüssigkeit, was wiederum die Flimmerhärchen der Zellen des Corti-Organs bewegt. Diese Zellen sind etwas ganz Besonderes: Sie sind in der Lage, die Schwingungen, die ihre Flimmerhärchen bewegen, in elektrochemische Impulse (die Sprache des Nervensystems!) umzuwandeln. Diese gelangen über den Hörnerv zum Gehirn, wo sie umgewandelt werden. Die Zellen des Corti-Organs reagieren nicht auf alle Schwingungen in gleicher Weise: Einige reagieren nur auf die intensivsten Töne, andere auf weniger intensive Töne, und damit wird uns klar, dass Töne nicht alle gleich sind!

TASTEN

Wie stelle ich fest, ob etwas hart oder weich ist?

NUN KOMMT WIEDER DIE HAUT INS SPIEL! WIR WISSEN, DASS WIR ÜBER DIE HAUT ERKENNEN KÖNNEN, OB EIN GEGENSTAND HART ODER WEICH IST. KEHREN WIR ZU UNSEREM GELIEBTEN WALD ZURÜCK: WENN WIR WIEDER DIE AUGEN BEIM GEHEN SCHLIESSEN, MERKEN WIR SOFORT, WENN WIR AUF EIN HINDERNIS STOSSEN. WENN WIR DANN UNSERE HÄNDE DARAUF LEGEN, KÖNNEN WIR AN DER RAUHEIT DER RINDE ERKENNEN, DASS ES SICH UM EINEN BAUM HANDELT. GENAUSO WIE WIR SCHMERZHAFT FESTSTELLEN KÖNNEN, WENN EIN DORNIGER AST VOR UNS LIEGT: WIR WERDEN GEPIKT UND ES TUT WEH. WIE NEHMEN WIR DIESE VIELZAHL VON REIZEN WAHR, DIE ES UNS ERMÖGLICHEN, UNS EIN BILD – WENN AUCH KEIN VISUELLES – VON DER WELT UM UNS HERUM ZU MACHEN?

HAUT: Unsere Haut umhüllt uns vollständig, vom Scheitel bis zu den Zehenspitzen. In ihrem Inneren befinden sich unzählige **Hautrezeptoren**. Achtung! Dieser Begriff kann verwirrend sein: Wir sprechen nicht von denselben Rezeptoren, über die wir bisher gesprochen haben! Hautrezeptoren sind Nervenenden von afferenten Nerven, die sich verzweigen und Signale von außen empfangen. (Die afferenten Nerven sind Teil des peripheren Nervensystems und leiten sensorische Informationen an das Gehirn weiter.) Es gibt verschiedene Arten von Hautrezeptoren, die unterschiedliche Informationen aufnehmen können. Sie befinden sich in der Dermis, der Hautschicht, die unter der Epidermis (Oberhaut) liegt.

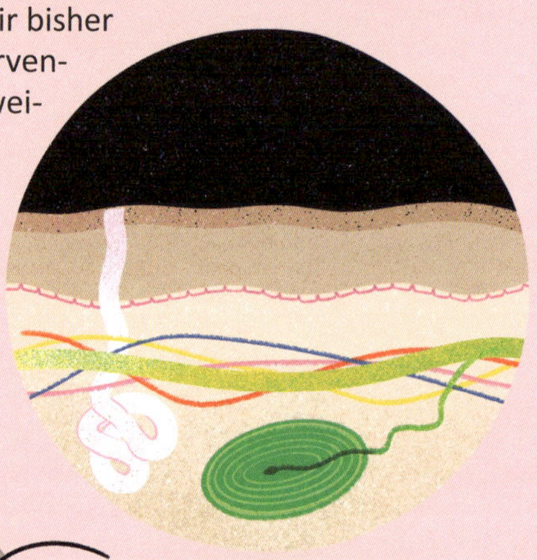

HAUTREZEPTOREN: Das sind Nervenenden mit besonderen Eigenschaften! Sie ermöglichen es uns, das Vorhandensein von Gegenständen und deren Beschaffenheit zu erkennen, sobald sie mit unserer Haut in Berührung kommen. Es gibt Nervenenden, die Vibrationen, Druck und Berührungen wahrnehmen, und andere, die Temperatur und Schmerz empfinden – wichtig für den Schutz unseres Körpers. Überleg mal: Wenn wir uns verletzen, ist der Schmerz eine Alarmglocke, die es uns erlaubt, den verletzten Bereich zu schonen und damit zu schützen.

POSITION DER REZEPTOREN:

Nicht alle Bereiche des Körpers enthalten die gleiche Anzahl von Rezeptoren. Bestimmt ist dir schon einmal aufgefallen, dass wir mit unseren Händen viel mehr Details wahrnehmen als mit dem Rest unseres Körpers! Das liegt daran, dass sich in den Handflächen, den Fingerspitzen, aber auch in den Fußsohlen und den Lippen mehr Rezeptoren befinden und sie dadurch viel empfindlicher sind als der Rest des Körpers.

AUFGABE DER REZEPTOREN: Rezeptoren sind in der Lage, alle Wahrnehmungen in elektrochemische Impulse zu übersetzen, die direkt an das zentrale Nervensystem weitergeleitet werden. So kann dieses verstehen, wo sich etwas befindet und worum es geht. Zudem lässt es uns auch auf die angemessenste Weise reagieren. Stell dir vor, du stichst dich an einer Brombeerranke: In kürzester Zeit nimmst du den Dorn wahr, spürst den Schmerz und ziehst sofort die Hand zurück. Dieses Signal sendet das Nervensystem, damit du so schnell wie möglich auf den Dorn reagieren kannst, der dich sticht.

WIE IM KLEINEN, SO IM GROSSEN

Ist der Tastsinn eine rein tierische Eigenschaft? Es stimmt zwar, dass Pflanzen sich nicht bewegen, wenn wir die Bewegung aus unserer Perspektive betrachten. Aber durch die Wurzeln, die sich unterirdisch entwickeln, können sie Kilometer zurücklegen! Die Wurzelspitzen sind in der Lage, ihre Umgebung wahrzunehmen, den Boden zu »spüren« und bei Hindernissen die Richtung zu ändern. Diese Eigenschaft unterscheidet sich nicht so sehr von unserem Tastsinn.

SCHMECKEN

Wie schmecken wir?

WENDEN WIR UNS NUN DEM VIERTEN DER FÜNF SINNE ZU: DEM GESCHMACK! AUF DEN ERSTEN BLICK IST ES NICHT EINFACH, IN UNSEREM WALD ETWAS ESSBARES ZU FINDEN. ABER WENN WIR UNSERE AUGEN EIN WENIG SCHÄRFEN, ENTDECKEN WIR DOCH SO EINIGES: DIE ERSTEN WALDERDBEEREN, DIE SAURER SIND ALS DIE, DIE WIR IM SUPERMARKT KAUFEN, BITTERE KRÄUTER FÜR EINEN SCHÖNEN SALAT, NÜSSE, DIE VON DEN BÄUMEN GEFALLEN SIND UND NUR DARAUF WARTEN, GEÖFFNET ZU WERDEN ... WIE KÖNNEN WIR ALL DIESE DINGE UNTERSCHEIDEN? WORAN ERKENNEN WIR, DASS EINE ERDBEERE SÜSS IST, WÄHREND MANCHE KRÄUTER BITTER SIND?

ZUNGE: Das Sinnesorgan des Geschmacks ist die **Zunge**. Die Zunge in unserem Mund ist ein muskuläres Organ (ja, sie ist tatsächlich ein Muskel!). Sie ist am Kauen und am Schlucken beteiligt und ist für die Lautbildung von Wörtern unerlässlich. Außerdem ist sie wichtig für die Wahrnehmung von Aromastoffen. Auf der Zunge, aber auch am Gaumen, an den Wangen, im Rachen und am Kehldeckel befinden sich die **Geschmacksknospen**. Sie bestehen aus mehreren Zellen und bilden, wie der Name schon sagt, eine knospenförmige Struktur. Ein Teil dieser Zellen sind die **Geschmackszellen**, die dank des Vorhandenseins von Rezeptoren auf ihrer Membran in der Lage sind, Moleküle zu binden, die dann zur Wahrnehmung von Geschmacksrichtungen führen.

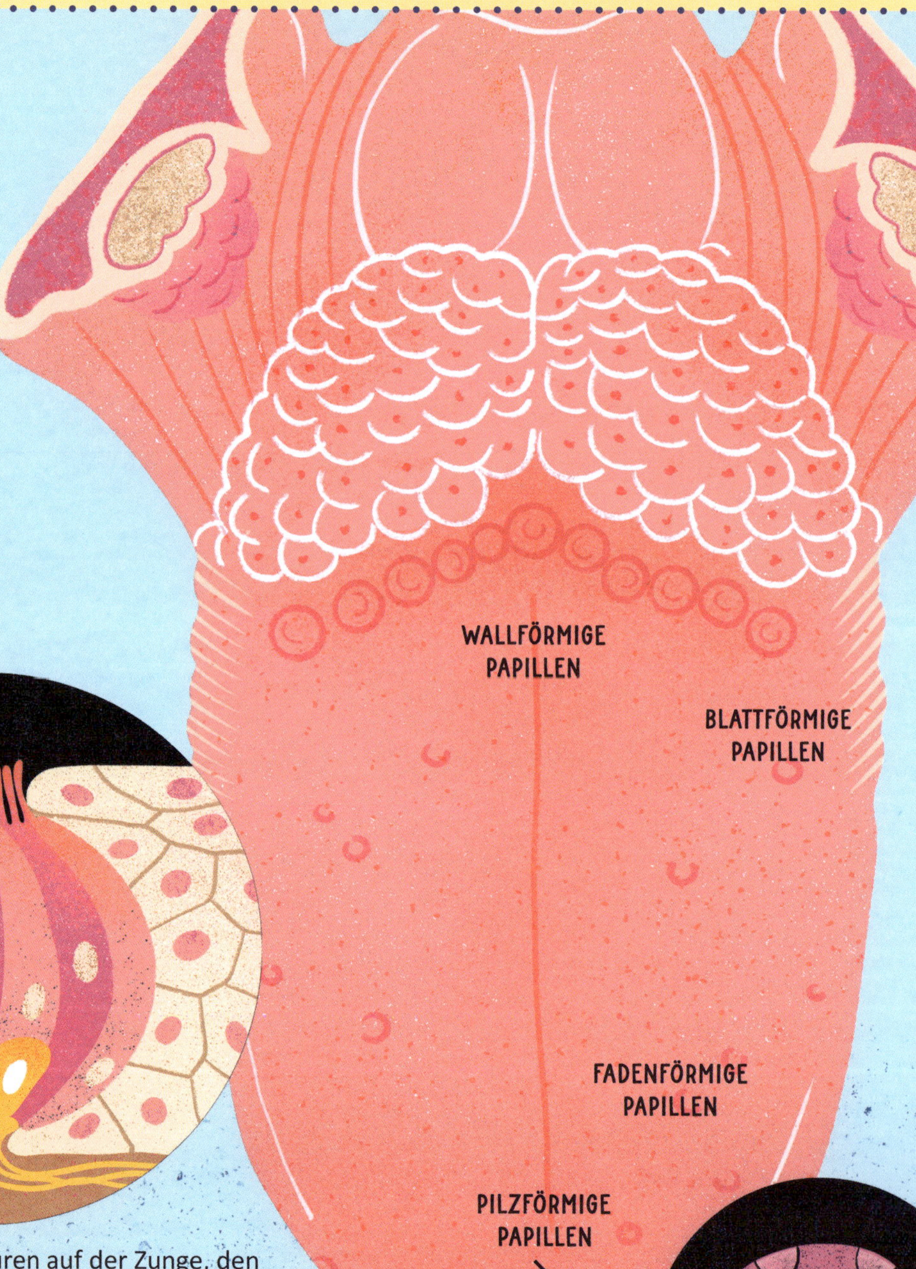

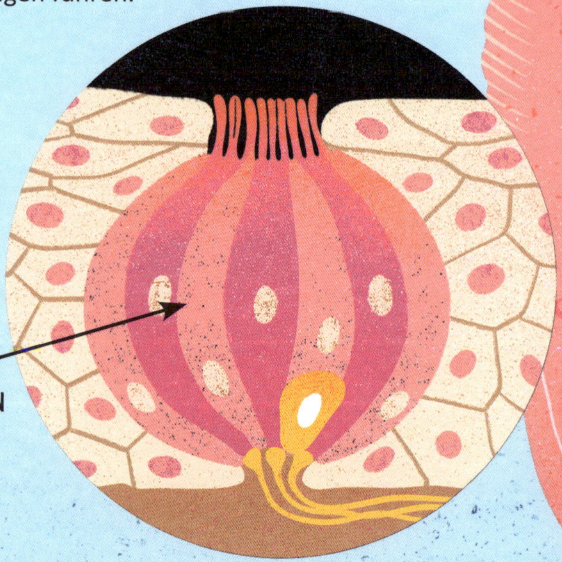

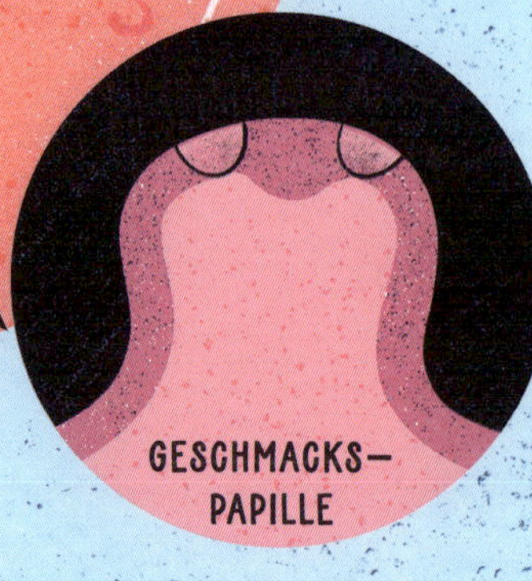

GESCHMACKSPAPILLEN: Sie sind Strukturen auf der Zunge, den Wangen, dem Gaumen, im Rachen und im Kehlkopf, und in ihnen befinden sich die Geschmacksknospen. Die Geschmackspapillen können je nach Form und Lage im Mund in vier Typen unterteilt werden: fadenförmig, pilzförmig, blattförmig und wallförmig. Die Geschmackspapillen haben eine Pore, durch die der Speichel eindringt und die darin gelösten Moleküle von den Rezeptoren der **Geschmackszellen** gebunden werden, wodurch der Geschmack wahrgenommen wird. Die Geschmackszellen sind nach der Bindung in der Lage, die Informationen in die Sprache des Nervensystems zu übersetzen, und die Informationen werden dann zum Gehirn weitergeleitet. Daraufhin nehmen wir einen Geschmack wahr.

ESSEN: Wozu brauchen wir einen Geschmackssinn? Er ist wirklich sehr wichtig! Durch ihn können wir nicht nur ungesunde Lebensmittel erkennen, sondern er spielt auch eine grundlegende Rolle bei der Anregung des Appetits. Doch das Erlebnis, das wir beim Verzehr eines Lebensmittels haben, ist nicht nur durch den Geschmackssinn gegeben; auch der Geruchssinn ist ein wesentlicher Bestandteil davon. Und auch das Auge will beim Essen seinen Teil dazu beitragen! Ein appetitliches, schön angerichtetes Essen verleitet uns zum Genießen. Schließlich ist die Beschaffenheit von Lebensmitteln ein wesentliches Merkmal, auf das wir beim Essen achten! Die Empfindungen, die ein knuspriges Essen bei uns hinterlässt, sind ganz ander als die von weichen Lebensmitteln!

DIE GESCHMACKSRICHTUNGEN:

Es gibt fünf Geschmacksrichtungen, die wir dank der verschiedenen Arten von Rezeptoren auf den Geschmackszellen wahrnehmen können: **sauer**, **süß**, **bitter**, **salzig** und **umami**. Die ersten vier sind uns vertraut, umami vielleicht nicht: Das entspricht dem japanischen Wort für »herzhaft« und steht für all jene Lebensmittel, die sehr schmackhaft, aber nicht salzig sind, wie getrocknete Tomaten, reifer Käse und Fleisch.

WIE IM KLEINEN, SO IM GROSSEN

Wie nehmen wohl Tiere ihre Umwelt wahr? Wir können es uns nicht einmal vorstellen: Wir sind durch unsere eigenen Sinne »eingeschränkt«! In Wirklichkeit gibt es Bereiche der Welt um uns herum, die wir nicht wahrnehmen können, die aber andere Tiere mit anderen Sinnesorganen als wir durchaus erleben. Ein faszinierendes Beispiel: Wusstest du, dass es Fische gibt, die in der Lage sind, Elektrizität wahrzunehmen, die elektrischen Felder, die uns umgeben? Haie, Stachelrochen und Welse nutzen diese Fähigkeit, um zu jagen und sich im Meer zu orientieren.

RIECHEN

Wie können wir Gerüche erkennen?

VIELLEICHT IST DER GERUCHSSINN DER SINN, DEM WIR AM WENIGSTEN AUFMERKSAMKEIT SCHENKEN, DER SCHEINBAR UNWICHTIGSTE. ABER STIMMT DAS? WIR WERDEN IMMER BESSER DARIN, UNSERE VORSTELLUNGSKRAFT EINZUSETZEN. GEHEN WIR ZURÜCK IN UNSEREN WALD UND ... SCHNUPPERN! ES STIMMT, DASS UNSER GERUCHSSINN IM VERGLEICH ZU DEM DER TIERE SEHR SCHWACH IST, ABER WENN WIR AUFMERKSAM SIND, KÖNNEN WIR VIELE GERÜCHE WAHRNEHMEN: DEN GERUCH VON GRAS, VON HARZ, DAS AUS DEN BAUMSTÄMMEN AUSTRITT, VON PILZEN, VON FEUCHTER ERDE ... UND VIELLEICHT RUFT EINER DIESER GERÜCHE ERINNERUNGEN WACH, VON DENEN WIR GAR NICHT WUSSTEN, DASS WIR SIE HABEN!

NASE: Das mit dem Geruchssinn verbundene Sinnesorgan ist die Nase. Wir haben sie genau beschrieben, als wir uns mit dem Atmungssystem beschäftigt haben. Durch die Nasenlöcher tritt Luft ein, die, erwärmt und gefiltert, ihre Reise durch die Atemwege fortsetzt. Durch die Luft treten jedoch auch andere Elemente ein, die aufgenommen werden und die Wahrnehmung von Gerüchen ermöglichen: Diese Moleküle werden **Geruchsstoffe** genannt. Sie werden von den **Chemorezeptoren** wahrgenommen, sehr speziellen Zellen im **Geruchsepithel**, einer dünnen Zellschicht im oberen Teil der Nasenhöhle.

CHEMOREZEPTOREN: Sie heißen auch Geruchsneuronen und haben lange Flimmerhärchen, die in eine Schleimschicht eingebettet sind. Diese Schleimschicht wiederum bedeckt das Riechepithel. Wenn die Geruchsstoffe mit dem Schleim in Berührung kommen, lösen sie sich darin auf und können von den Geruchsneuronen aufgenommen werden. Aber wie nehmen die Geruchsneuronen die Anwesenheit von Geruchsstoffen wahr?

Jeder Chemorezeptor kann nur einen Geruchsstoff binden, da nur ein Rezeptortyp zur Verfügung steht. Die Riechzellen übersetzen die Bindung in elektrochemische Impulse – die Sprache, die das Nervensystem spricht! Die Informationen werden über den **Geruchsnerv** an das Gehirn weitergeleitet, wo sie in die Geruchswahrnehmung umgewandelt werden.

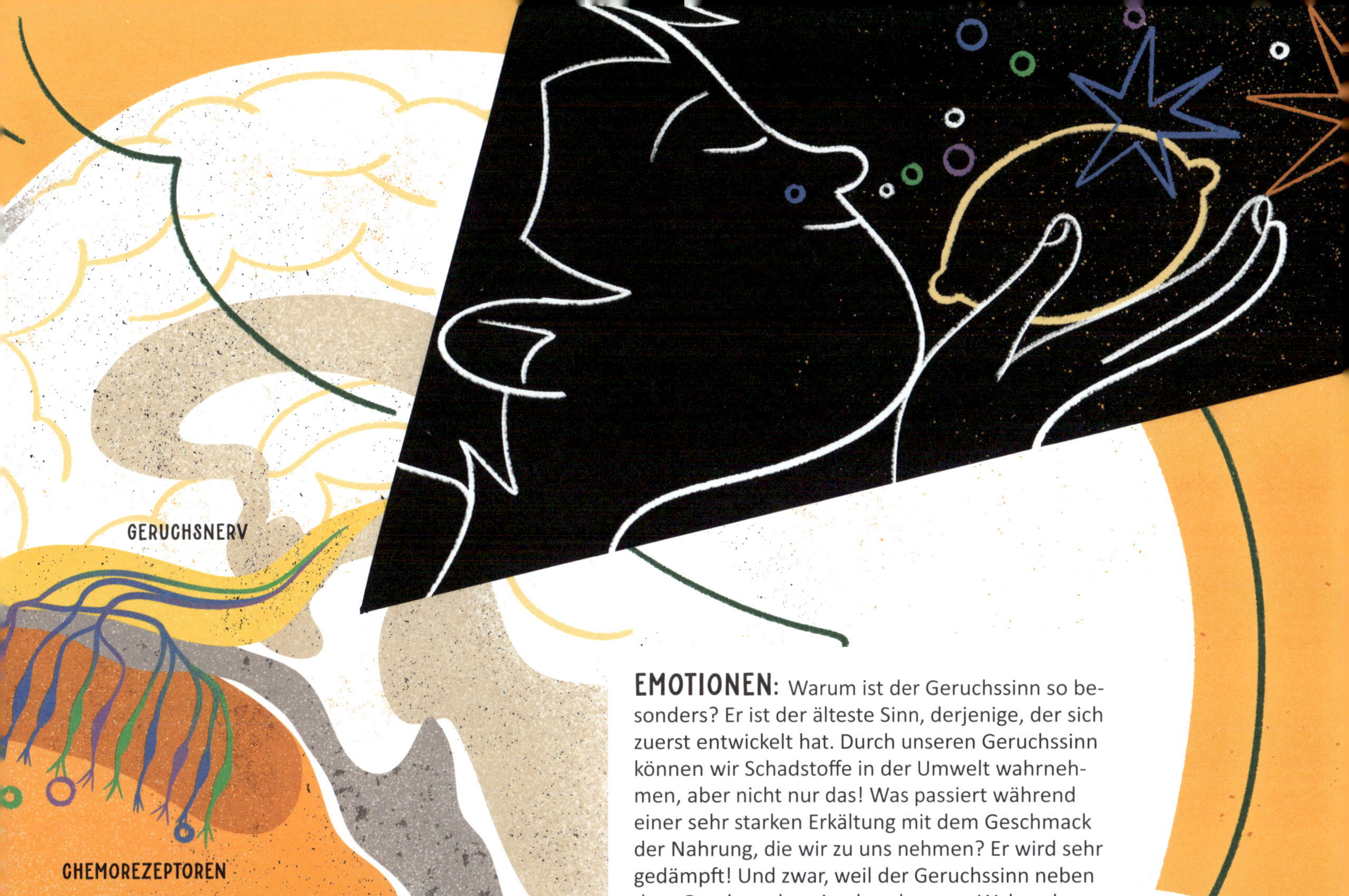

EMOTIONEN: Warum ist der Geruchssinn so besonders? Er ist der älteste Sinn, derjenige, der sich zuerst entwickelt hat. Durch unseren Geruchssinn können wir Schadstoffe in der Umwelt wahrnehmen, aber nicht nur das! Was passiert während einer sehr starken Erkältung mit dem Geschmack der Nahrung, die wir zu uns nehmen? Er wird sehr gedämpft! Und zwar, weil der Geruchssinn neben dem Geschmack weitgehend unsere Wahrnehmung von Aromen bestimmt. Der Geruchssinn hat noch eine weitere Besonderheit: Er ist mit den Bereichen des Gehirns verbunden, die für Erinnerungen und Gefühle zuständig sind. Wenn wir also einen bestimmten Geruch wahrnehmen, fühlen wir uns in die Vergangenheit versetzt, indem Erinnerungen und alle damit verbundenen Emotionen aktiviert werden!

WIE IM KLEINEN, SO IM GROSSEN

Warum halten wir den Geruchssinn für weniger wichtig als die anderen Sinne und denken, er sei viel weniger entwickelt als bei anderen Tieren? In Wirklichkeit stimmt das gar nicht: Er ist nur *anders* entwickelt, je nach der Umgebung, in der wir im Vergleich zu anderen Arten leben. Es stimmt, dass wir in einem Wald die verschiedenen Gerüche nicht so gut unterscheiden können. Hunde, Ratten, Pferde, Kühe ... sie alle können dort besser riechen. Weil wir nicht mehr in der Natur leben, müssen wir diese Gerüche nicht mehr unterscheiden, um zu überleben. Aber wir sind sehr gut darin, viele Gerüche zu unterscheiden! Wir erkennen zum Beispiel problemlos die verschiedenen Aromen, die mit Wein und Essen verbunden sind! Jedes Lebewesen entwickelt das, was es zum Leben braucht: Es gibt also kein gut oder schlecht, sondern nur das, was gut passt.

DIE UNAUFHALTSAME MÜDIGKEIT

Warum müssen wir schlafen?

WIE OFT HAST DU DICH SCHON GEÄRGERT, WEIL DU ABENDS INS BETT GEHEN MUSSTEST, UND AM NÄCHSTEN MORGEN BEDAUERT, DASS DU KEINE FÜNF MINUTEN LÄNGER SCHLAFEN KONNTEST? WENN ES UNS AN SCHLAF MANGELT, WERDEN WIR UNAUFMERKSAM, REIZBAR. UND WENN WIR LANGE NICHT SCHLAFEN, KANN ES PASSIEREN, DASS WIR BUCHSTÄBLICH IM STEHEN EINSCHLAFEN! DIES ZEIGT UNS, DASS SCHLAF KEINE OPTIONALE AKTIVITÄT IST, AUF DIE MAN VERZICHTEN KANN: SCHLAFEN IST NOTWENDIG, WIR KÖNNEN NICHT DARAUF VERZICHTEN. ABER WARUM? DIE ANTWORTEN AUF DIESE FRAGE SIND NICHT GANZ EINDEUTIG, ABER WIR WOLLEN VERSUCHEN, UNSER BESTES ZU GEBEN!

AUFTANKEN IM SCHLAF: Im Laufe des Tages, während wir unsere täglichen Aufgaben verrichten, bleibt auch unser Körper keine Sekunde stehen. Wir haben gesehen, dass Organe und Apparate ununterbrochen arbeiten müssen, um uns zu unterstützen und aktiv zu halten, damit wir gesund bleiben und tun können, was wir vorhaben. Wenn wir schlafen, ruht sich unser Körper aus: Wir gewinnen Energie zurück, beschädigtes Gewebe wird repariert und das Immunsystem wird gestärkt. All diese Tätigkeiten kann der Organismus im Wachzustand nicht gut ausführen, da die Energie hauptsächlich für andere Aufgaben verwendet wird.

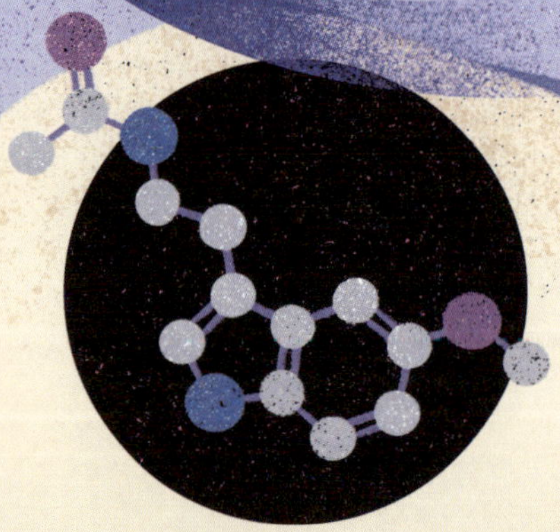

MELATONIN

SCHLAF UND DAS GEHIRN: Ein immer noch verbreiteter Irrglaube ist, dass sich unser Gehirn im Schlaf abschaltet, weil wir uns unseres Körpers, unserer Handlungen, unserer Gedanken nicht bewusst sind. In Wahrheit stimmt das natürlich nicht! Während des Schlafs ist das Gehirn aktiv; was sich ändert, ist die Art und Weise, wie es funktioniert und seine Aktivitäten ausführt. Man hat nämlich herausgefunden, dass unser zentrales Nervensystem während des Schlafs ununterbrochen arbeitet: Es festigt das, was wir tagsüber gelernt haben, und wandelt es in ein Gedächtnis um!

Hast du jemals für eine Klassenarbeit gelernt und bist mit dem Gedanken ins Bett gegangen, dass du dich an nichts mehr erinnern kannst? Wetten, dass dir nach dem Aufwachen alles leichter gefallen ist? Der Schlaf ist für das Festigen von Gedanken von grundlegender Bedeutung: Das Gehirn ist in der Lage, sich an das zu erinnern, was wir brauchen, und stattdessen die Begriffe wegzuwerfen, die es für unwichtig hält. Während des Schlafs regeneriert sich auch das Nervensystem: Es bereitet sich auf einen weiteren anstrengenden Tag mit kontinuierlicher Aktivität vor. Der Schlaf reinigt also unser Gehirn!

TRÄUME: Im Schlaf durchläuft das Gehirn verschiedene Aktivitätsphasen, von denen eine als **REM-Phase** bezeichnet wird: Diese Abkürzung steht für »rapid eye movements« (schnelle Augenbewegungen). In dieser Phase sind alle willkürlichen Muskeln (also die Muskeln, mit denen wir uns bewegen) blockiert, und die Augen bewegen sich bei geschlossenen Lidern von einer Seite zur anderen. In dieser Phase träumen wir, und erstaunlicherweise arbeitet unser Gehirn dann sehr ähnlich wie im Wachzustand. Warum wir träumen, darüber gibt es noch nicht viele Erkenntnisse. Es scheint, dass Träume helfen, das Nervensystem zu regenerieren, Informationen zu speichern und das Gehirn neu zu programmieren. Faszinierend, nicht wahr?

BIORHYTHMUS: Und warum schlafen wir nachts und gehen nicht morgens oder nach dem Mittagessen ins Bett? Unser Körper ist mit dem natürlichen Wechsel von Tag und Nacht verbunden, weil er mit einer biologischen Uhr ausgestattet ist. Dieser Rhythmus dauert 24 Stunden, was genau der Länge eines Tages entspricht. Er setzt sich aus Schwankungen in den Aktivitäten unseres Körpers zusammen, die genau dem Hell-Dunkel-Wechsel folgen. Was den Schlaf betrifft, so gibt es ein Molekül, das produziert wird und den Schlaf fördert: das sogenannte **Melatonin**. Melatonin wird von der **Epiphyse**, einer Drüse an der Schädelbasis, produziert, und seine Produktion wird durch Dunkelheit angeregt. Wenn es Abend wird, steigt die Melatoninproduktion und erleichtert das Einschlafen. Wetten, dass du von nun an keinen Wutanfall mehr bekommst, wenn du ins Bett gehen sollst?

WIE IM KLEINEN, SO IM GROSSEN

Die Natur ist ein Kreislauf, und wir sind da keine Ausnahme! Die Lebewesen stimmen ihre Aktivität auf äußere Phänomene wie den Wechsel von Tag und Nacht ab. Fällt dir noch ein anderes Phänomen ein, das die Aktivität der Organismen beeinflusst? Der Wechsel der Jahreszeiten! Der Übergang zwischen Herbst und Winter führt bei einigen Tieren zu einem sehr eigenartigen Verhalten, das manchmal mit einem Tiefschlaf verglichen wird: dem Winterschlaf! Tiere wie das Murmeltier, der Igel oder der Bär haben sich den Winterschlaf als außergewöhnliche Strategie angeeignet, um den Winter zu überleben: Wenn die Temperaturen zu sinken beginnen, sind sie in der Lage, ihre Lebensfunktionen auf ein Minimum zu reduzieren, gerade so viel, dass sie sich am Leben erhalten, und in einen scheinbar tiefen Winterschlaf zu fallen.

IN EINEM MEER VON EMOTIONEN!

Schmetterlinge im Bauch?

WIE SÄHE UNSER LEBEN OHNE GEFÜHLE AUS? ES WÄRE WIE EIN BUCH MIT LEEREN SEITEN. AUCH WENN WIR SELTEN SCHLECHTE GEFÜHLE HABEN, FÜHLEN WIR UNS LEBENDIG. EMOTIONEN SIND VÖLLIG SUBJEKTIV: SIE SIND REAKTIONEN AUF DAS, WAS UNS IM LAUFE UNSERES LEBENS WIDERFÄHRT, UND JEDE BZW. JEDER VON UNS HAT SEINE EIGENE ART, DARAUF ZU REAGIEREN. WIE KÖNNEN EMOTIONEN ERKLÄRT WERDEN? KÖNNEN WIR DAS, WAS MIT UNS GESCHIEHT, WENN WIR UNS VERLIEBEN, UNS WEHMÜTIG FÜHLEN ODER WENN WIR UNS FÜRCHTEN, ERKLÄREN UND AUF EIN PAAR BIOLOGISCHE KONZEPTE REDUZIEREN? DIE ANTWORT IST »NEIN«. WIR WISSEN SEHR WENIG DARÜBER, WAS MIT UNS GESCHIEHT, WENN WIR VON EMOTIONEN ÜBERWÄLTIGT WERDEN!

LIMBISCHES SYSTEM: Wir wissen, dass Emotionen mit der Aktivierung von Strukturen in unserem Nervensystem verbunden sind, die man zusammenfassend als **limbisches System** bezeichnet. Der Zusammenhang zwischen den Emotionen, die wir empfinden, und der Aktivierung des limbischen Systems ist jedoch noch nicht gut erforscht, ebenso wenig wie die Rolle, die die verschiedenen Strukturen für die einzelnen Emotionen spielen.
Wie kompliziert wir doch sind!

EMPATHIE: Kleiner Exkurs: Wie sind wir in der Lage, die Gefühle anderer Menschen zu verstehen? Diese Fähigkeit wird **Empathie** genannt: Es ist die Fähigkeit, die Gefühle anderer wahrzunehmen und zu verstehen, sich in die Lage anderer zu versetzen.

AMYGDALA: Dieser Teil des limbischen Systems spielt bei Emotionen die wichtigste Rolle. Es handelt sich dabei um einen besonderen mandelförmigen Bereich des Gehirns, der vor allem bei negativen Emotionen wie Angst aktiviert wird. Unglaublich: Die **Amygdala** nimmt sensorische Informationen von den fünf Sinnen direkt auf und verarbeitet sie, noch bevor wir uns bewusst werden, dass wir sie erlebt haben. Sie ist außerdem in der Lage, Reaktionen auf körperlicher Ebene zu regulieren: beschleunigter Herzschlag, vermehrtes Schwitzen, erhöhter Blutdruck! Hast du schon einmal erlebt, dass du im Dunkeln warst und eine Silhouette gesehen hast, die dich an etwas Beängstigendes erinnert hat? Was passiert dann mit uns? Wir empfinden Angst! Und dieses Gefühl wird auch von einem stärkeren Herzschlag und kaltem Schweiß begleitet.

SPIEGELNEURONEN: Empathie scheint mit **Spiegelneuronen** verbunden zu sein. Diese Neuronen werden sowohl aktiviert, wenn wir selbst eine Handlung ausführen, als auch, wenn wir sehen, wie ein anderes menschliches Wesen dieselbe Handlung ausführt. Dadurch können wir verstehen und nachahmen, was andere Individuen unserer eigenen Spezies tun, und wir können auch ihren emotionalen Zustand verstehen. Die Spiegelneuronen werden nämlich aktiviert, wenn wir eine andere Person leiden, Freude oder Angst empfinden sehen. Durch sie können wir verstehen, was die andere Person fühlt, uns in sie hineinversetzen, und kurz gesagt: empathisch sein.

WIE IM KLEINEN, SO IM GROSSEN

Auch Pflanzen reagieren auf das, was um sie herum geschieht. Vielleicht ist es übertrieben, dies als Gefühle zu bezeichnen, aber Pflanzen sind sensibel, genau wie wir: Sie nehmen Angst, Leid und Freude wahr. Es mag seltsam erscheinen, da wir Pflanzen eher als passive Wesen betrachten, aber aktuelle Studien beweisen das Gegenteil! Es stimmt also nicht, dass Pflanzen einfach statisch sind, sie sind nur anders; aufgrund dieses Andersseins verstehen wir sie jedoch noch nicht vollständig.

DAS MÄNNLICHE FORTPFLANZUNGSSYSTEM

Was geht da unten vor?

WIE WIRD EIN KIND GEZEUGT? UM DIESE FRAGE VOLLSTÄNDIG UND GENAU ZU BEANTWORTEN, WERDEN WIR MEHR ALS NUR EIN PAAR WORTE BRAUCHEN ... EHER MEHRERE KAPITEL! BITTE HAB EIN WENIG GEDULD! ES WIRD MOMENTE GEBEN, IN DENEN NICHT ALLES KLAR SEIN WIRD ... ABER AM ENDE DIESES BUCHES WIRST DU ALLES VERSTANDEN HABEN!

UNGESCHLECHTLICHE FORTPFLANZUNG:

Unter **Fortpflanzung** versteht man den Prozess, durch den Lebewesen neue Individuen hervorbringen, natürlich von derselben Art.
Die Fortpflanzung kann **ungeschlechtlich** oder **geschlechtlich** sein. Die ungeschlechtliche Fortpflanzung erfolgt durch einen einzigen Organismus. Das neu erzeugte Individuum enthält dieselbe genetische Ausstattung, d. h. dieselbe DNA: Es ist dessen Klon.

GESCHLECHTLICHE FORTPFLANZUNG:

Bei der geschlechtlichen Fortpflanzung hingegen müssen zwei Organismen unterschiedlichen Geschlechts (Männchen und Weibchen) zusammenkommen. Beide produzieren **Geschlechtszellen**, die miteinander verschmelzen und eine einzige Zelle, die **Zygote**, bilden, aus der sich schließlich das neue Individuum entwickelt.
Der neue Organismus wird sich genetisch von seinen Eltern unterscheiden, aber Informationen von beiden enthalten ... Klingt alles noch etwas technisch, wird aber gleich klarer.

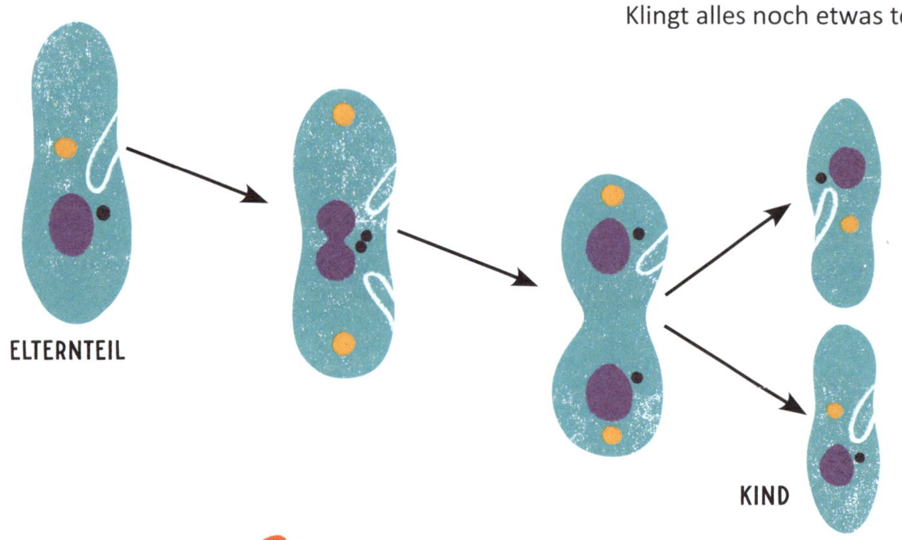

REPRODUKTION: Der Mensch pflanzt sich durch geschlechtliche Fortpflanzung fort: Es braucht einen biologischen Mann und eine biologische Frau, damit ein neues Individuum entstehen kann. Die Keimzellen werden von den **Fortpflanzungsorganen** der Frau und des Mannes produziert. Im Gegensatz zu allen bisher beschriebenen Organen, Systemen und Apparaten müssen wir sie getrennt behandeln, da sie sich grundlegend voneinander unterscheiden.

HODEN: Beginnen wir mit dem männlichen Fortpflanzungssystem! Es gibt zwei Organe, die die männlichen Keimzellen, die **Spermien**, produzieren, sie werden **Hoden** genannt. Die Hoden sind die Keimdrüsen des männlichen Geschlechtsapparats, d. h. die **primären Geschlechtsorgane**. Die beiden Hoden befinden sich im **Hodensack**, einem Hautsack, der sie umgibt und die Spermien warm hält.

SPERMIEN: Sie werden in den Hoden erzeugt und später nach außen abgegeben, damit sie auf die weibliche Geschlechtszelle treffen können. Zuständig für die Ejakulation, d. h. den Vorgang, bei dem die Spermien nach außen abgegeben werden, ist der **Penis**. Die Spermien befinden sich in einer Flüssigkeit, die von zwei Organen des Fortpflanzungssystems produziert wird: den **Bläschendrüsen** und der **Prostata**. Die Samenzellen bilden zusammen mit dem Sekret dieser beiden Organe die Spermien.

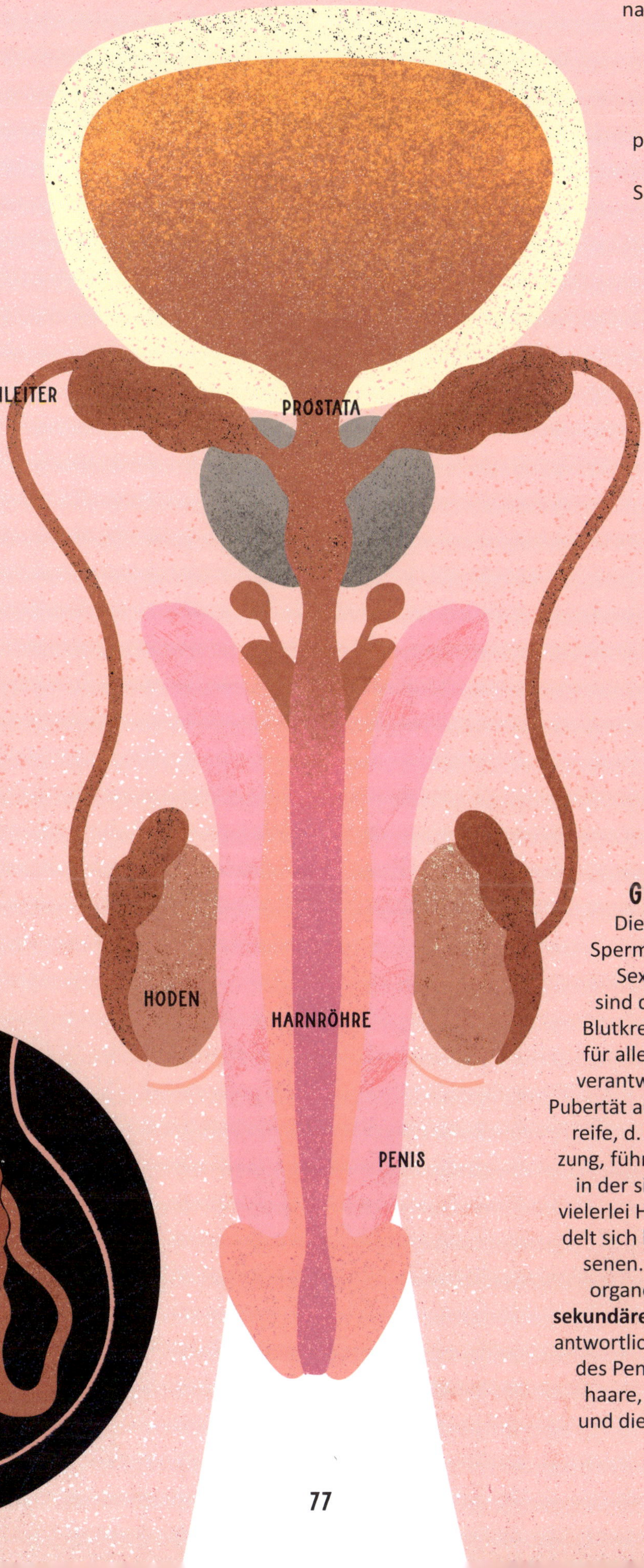

EJAKULATION:
Die Spermien wandern von den Hoden durch die Samenleiter zum Penis und werden nach außen in einen röhrenförmigen Kanal, die Harnröhre, ausgestoßen. Die Harnröhre ist bekanntlich der letzte Abschnitt des Ausscheidungssystems, den der Urin durchläuft, bevor er nach außen gelangt. Urin und Spermien durchqueren also denselben Kanal.

EREKTION: Zur Ejakulation kommt es nach einer Erektion: Der Penis richtet sich auf und wird größer. Dies geschieht durch den Anstieg des Blutdrucks in den Arterien des Penis.

SEKUNDÄRE GESCHLECHTSMERKMALE:
Die Hoden produzieren nicht nur Spermien, sondern auch männliche Sexualhormone. Sexualhormone sind chemische Botenstoffe, die im Blutkreislauf freigesetzt werden und für alle körperlichen Veränderungen verantwortlich sind, die während der Pubertät auftreten und zur Geschlechtsreife, d. h. zur Fähigkeit zur Fortpflanzung, führen. Die Pubertät ist eine Zeit, in der sich der Körper eines Kindes in vielerlei Hinsicht verändert: Er verwandelt sich langsam in den eines Erwachsenen. Die männlichen Geschlechtsorgane sind für die Entwicklung der **sekundären Geschlechtsmerkmale** verantwortlich, darunter die Vergrößerung des Penis und der Hoden, für Schamhaare, die Zunahme der Muskulatur und die Verbreiterung der Schultern.

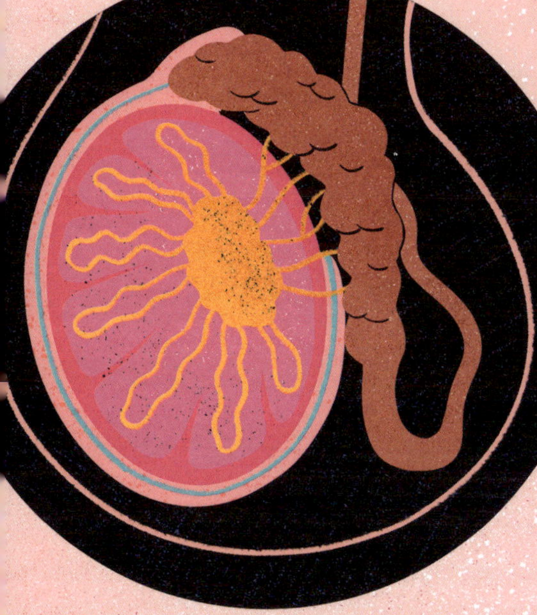

DAS WEIBLICHE FORTPFLANZUNGSSYSTEM

Warum wächst die Brust?

DAS WEIBLICHE FORTPFLANZUNGSSYSTEM IST KEINESWEGS WENIGER KOMPLIZIERT. GANZ IM GEGENTEIL! DER WEIBLICHE FORTPFLANZUNGSAPPARAT HAT NICHT NUR DIE AUFGABE, DIE WEIBLICHEN KEIMZELLEN ZU PRODUZIEREN, SONDERN AUCH DAS UNGEBORENE KIND ZU BEHERBERGEN.

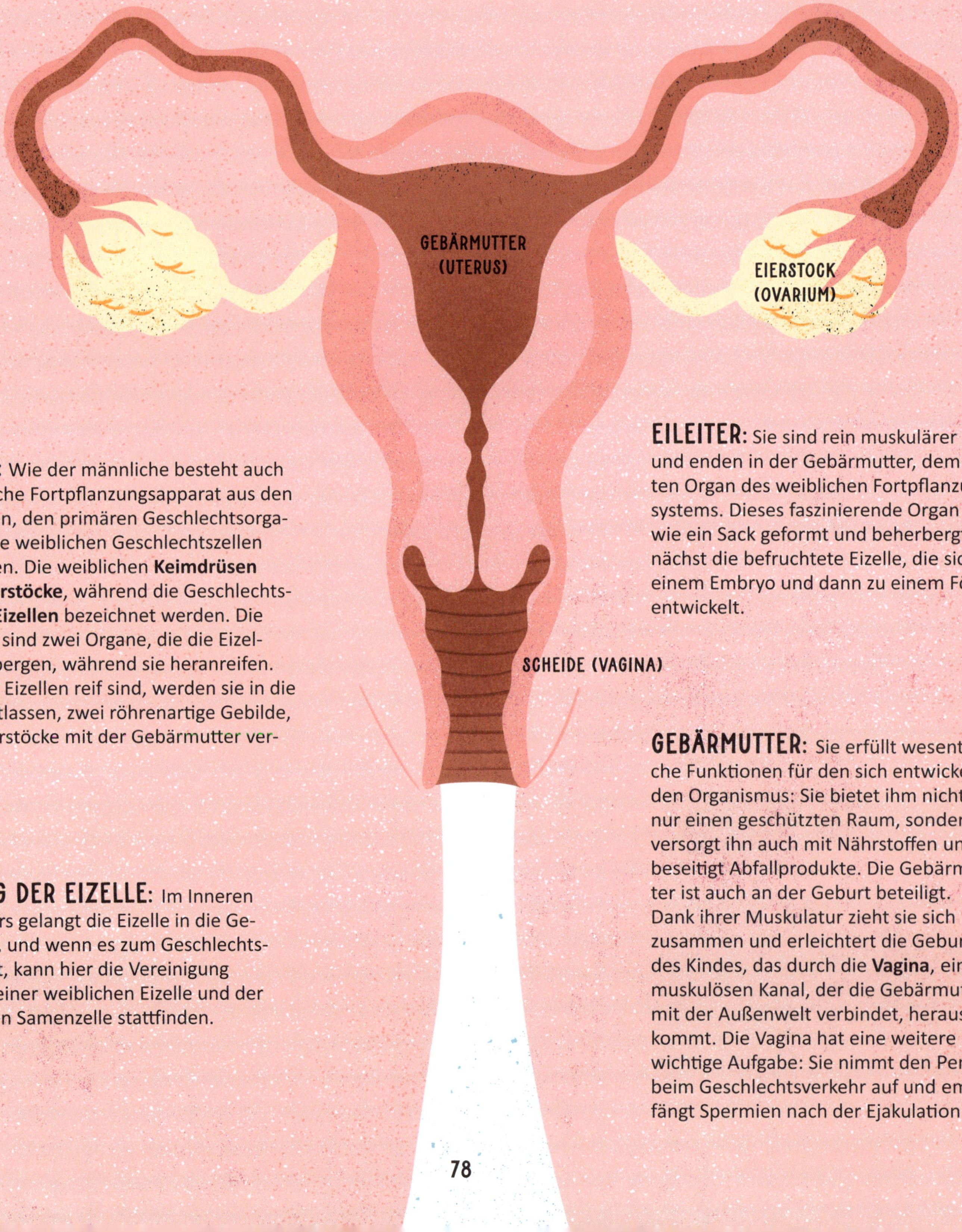

ORGANE: Wie der männliche besteht auch der weibliche Fortpflanzungsapparat aus den Keimdrüsen, den primären Geschlechtsorganen, die die weiblichen Geschlechtszellen produzieren. Die weiblichen **Keimdrüsen** heißen **Eierstöcke**, während die Geschlechtszellen als **Eizellen** bezeichnet werden. Die Eierstöcke sind zwei Organe, die die Eizellen beherbergen, während sie heranreifen. Sobald die Eizellen reif sind, werden sie in die Eileiter entlassen, zwei röhrenartige Gebilde, die die Eierstöcke mit der Gebärmutter verbinden.

DER WEG DER EIZELLE: Im Inneren des Eileiters gelangt die Eizelle in die Gebärmutter, und wenn es zum Geschlechtsakt kommt, kann hier die Vereinigung zwischen einer weiblichen Eizelle und der männlichen Samenzelle stattfinden.

EILEITER: Sie sind rein muskulärer Natur und enden in der Gebärmutter, dem größten Organ des weiblichen Fortpflanzungssystems. Dieses faszinierende Organ ist wie ein Sack geformt und beherbergt zunächst die befruchtete Eizelle, die sich zu einem Embryo und dann zu einem Fötus entwickelt.

GEBÄRMUTTER: Sie erfüllt wesentliche Funktionen für den sich entwickelnden Organismus: Sie bietet ihm nicht nur einen geschützten Raum, sondern versorgt ihn auch mit Nährstoffen und beseitigt Abfallprodukte. Die Gebärmutter ist auch an der Geburt beteiligt. Dank ihrer Muskulatur zieht sie sich zusammen und erleichtert die Geburt des Kindes, das durch die **Vagina**, einen muskulösen Kanal, der die Gebärmutter mit der Außenwelt verbindet, herauskommt. Die Vagina hat eine weitere wichtige Aufgabe: Sie nimmt den Penis beim Geschlechtsverkehr auf und empfängt Spermien nach der Ejakulation.

SEKUNDÄRE GESCHLECHTSMERKMALE: So wie die Hoden die männlichen Sexualhormone produzieren, produzieren die Eierstöcke die weiblichen Sexualhormone, die bei der Frau zur Geschlechtsreife und zur Entwicklung der **sekundären Geschlechtsmerkmale** führen: Die Brustdrüsen entwickeln sich, das Becken vergrößert sich und Scham- und Achselhaare wachsen.

MENSTRUATIONSZYKLUS: Die weiblichen Geschlechtsorgane regulieren aber auch den Menstruationszyklus. Er dauert 28 Tage und tritt von der Pubertät bis zur **Menopause** auf, wenn eine Frau nicht mehr fruchtbar ist und also keine Kinder mehr bekommen kann. Der Zyklus besteht aus einer Reihe von Veränderungen, die das weibliche Fortpflanzungssystem betreffen. Er beginnt mit der **Follikelphase**, in der die Eizelle, die sich in den Follikeln der Eierstöcke befindet, zur Reifung angeregt wird und während der **Ovulationsphase** in den Eileitern freigesetzt wird: Dieser Vorgang wird als **Eisprung** bezeichnet.

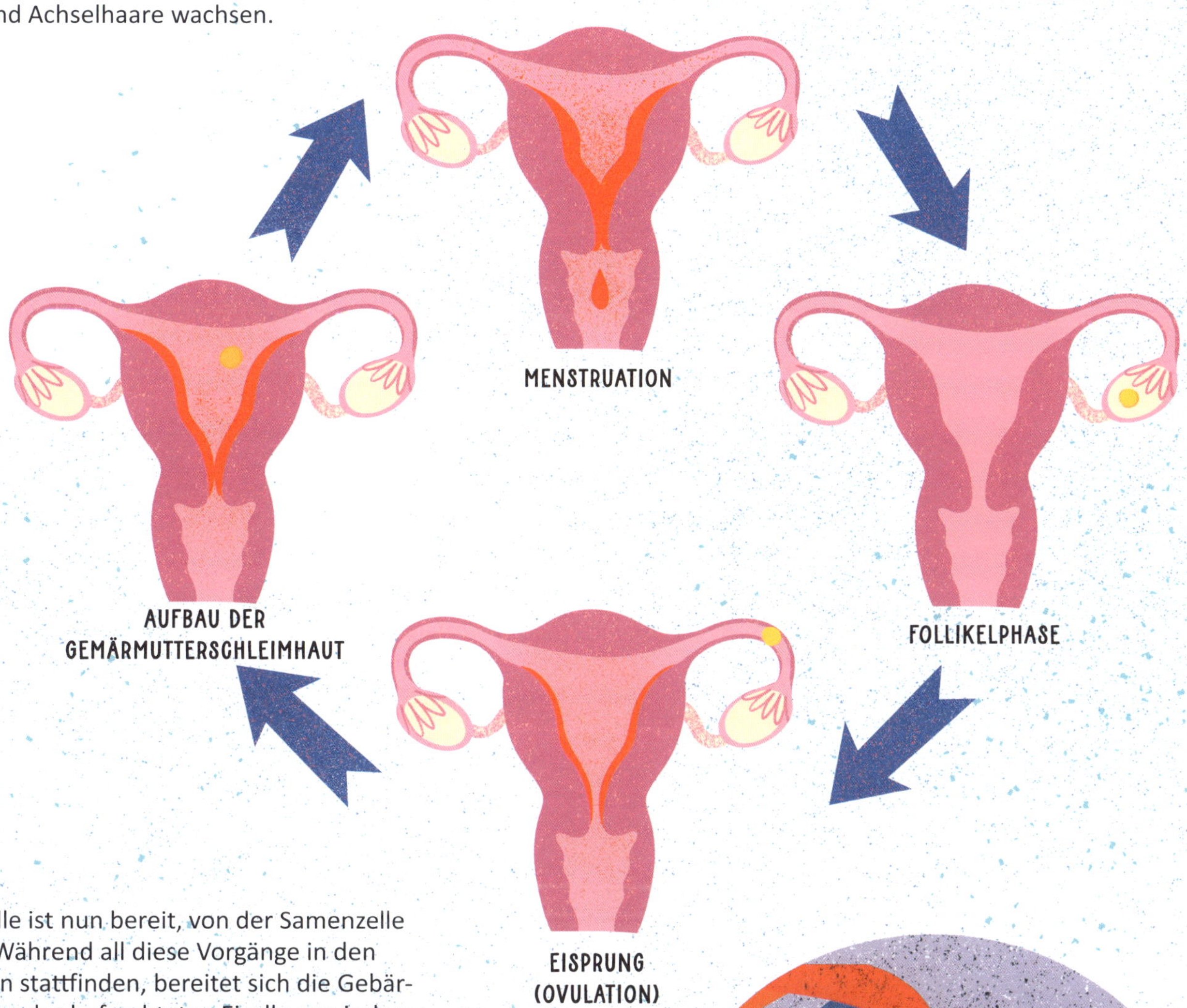

OVULATION: Die Eizelle ist nun bereit, von der Samenzelle befruchtet zu werden. Während all diese Vorgänge in den Eierstöcken und Eileitern stattfinden, bereitet sich die Gebärmutter auf die Aufnahme der befruchteten Eizelle vor, indem sie ihre Wand verdickt und die Gebärmutterschleimhaut aufbaut, die oberflächlichste Schicht, die das Innere der Gebärmutter auskleidet. Bleibt die Befruchtung aus, setzt die **Menstruation** ein, bei der es zum Verlust von Blut und der Oberfläche der Gebärmutterschleimhaut kommt.

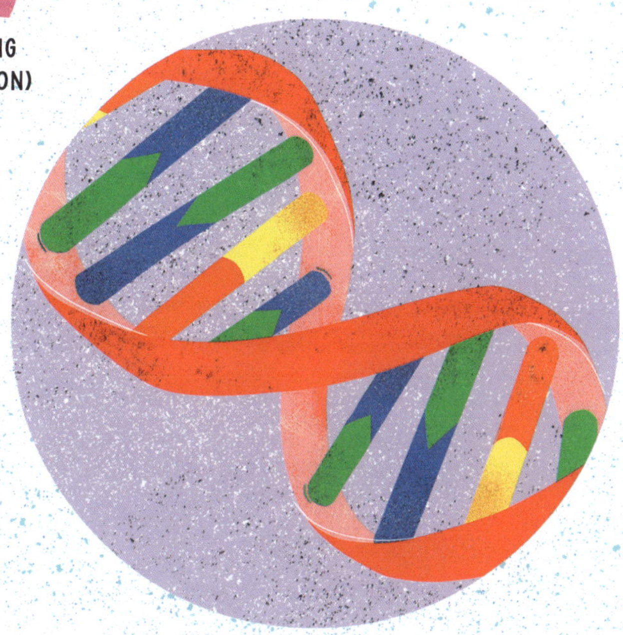

WIE IM KLEINEN, SO IM GROSSEN

Alle Lebewesen pflanzen sich fort: Ob durch geschlechtliche oder ungeschlechtliche Fortpflanzung, die Erzeugung neuer Individuen ist für alle von grundlegender Bedeutung, selbst für das einfachste Bakterium! Die Fortpflanzung ist in der Tat eine Notwendigkeit: Sie ermöglicht die Weitergabe der DNA, die Vererbung an künftige Generationen und das Überleben der eigenen Art.

VEREINIGUNG FÜR EIN NEUES LEBEN

Was passiert beim Geschlechtsverkehr?

NEUES LEBEN ENTSTEHT! DOCH WENN WIR DARÜBER SPRECHEN, IST UNS DAS MEIST ETWAS UNANGENEHM. WIE WERDEN WIR ALLE GEBOREN? JEDER VON UNS? WIR SIND DURCH DEN BEITRAG VON ZWEI MENSCHEN DES JEWEILS ANDEREN GESCHLECHTS, UNSEREN ELTERN, ENTSTANDEN. UM NEUES LEBEN ZU ERZEUGEN, MUSS DER MANN DURCH EINEN SAMENERGUSS SPERMIEN IN DIE VAGINA DER FRAU ABGEBEN. DABEI SCHÜTTET DER MANN EINE RIESIGE ANZAHL VON SPERMIEN AUS … MILLIONEN VON IHNEN!

SPERMIEN: In der Vagina angekommen, können sich die Spermien bewegen, bis sie auf die Eizelle treffen. Falls es zu einer Befruchtung kommt, findet sie in den Eileitern statt. Wie gelangt die Samenzelle in die Eileiter? Dazu müssen wir uns ihre Struktur ansehen. Die Form der Samenzelle ähnelt verblüffend der einer Kaulquappe. Genau wie eine Kaulquappe hat die Samenzelle einen Kopf, in dem die DNA enthalten ist, und einen Schwanz. Dieser ermöglicht es ihr, sich im weiblichen Körper zu bewegen, die Vagina und die Gebärmutter zu durchqueren und die Eizelle im Eileiter zu erreichen. Die Eizelle hingegen ist eine große Zelle, die viele Nährstoffreserven enthält, um die befruchtete Eizelle sofort ernähren zu können.

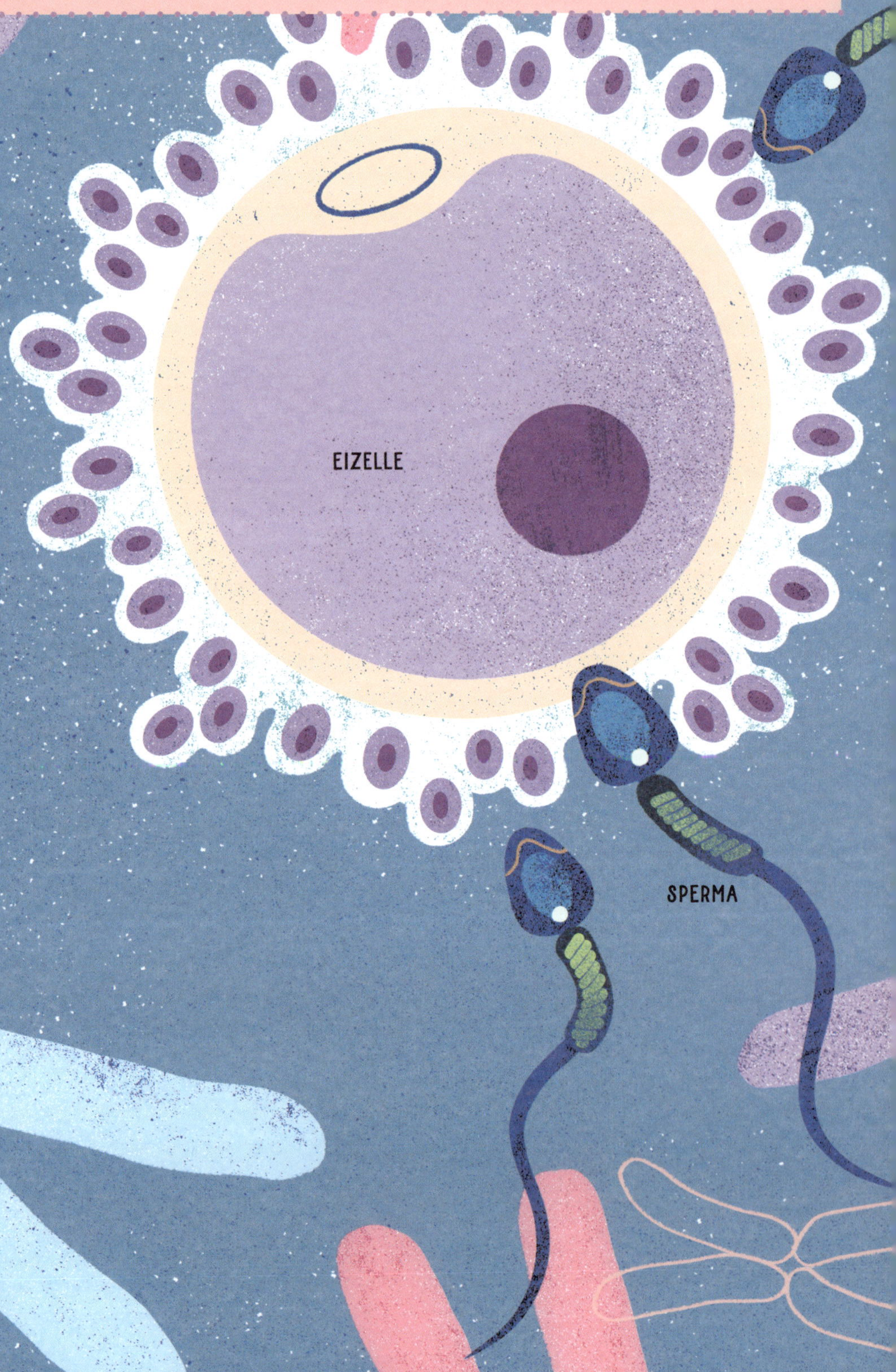

WIE IM KLEINEN, SO IM GROSSEN

Aber treffen sich die Keimzellen bei allen Arten, die sich sexuell fortpflanzen, immer auf die gleiche Weise? Jede Art hat verschiedene Strategien gefunden, damit die männliche Keimzelle die weibliche Keimzelle erreicht. Es gibt Pflanzen, die den Wind ausnutzen, um die Zellen zur Vereinigung zu bringen. Bestimmte Tiere haben sogar sehr komplizierte Balztechniken entwickelt, damit die Befruchtung stattfinden kann. Bei uns Menschen ist das alles noch viel komplexer, denn die Beziehung zwischen Mann und Frau geht weit über die einfache Biologie hinaus.

BEFRUCHTUNG: Die Befruchtung ist die Vereinigung der Samenzelle mit der Eizelle, die zur Bildung der befruchteten Eizelle (Zygote) führt! Allerdings erreichen nur wenige Spermien die Eileiter und nur eine Samenzelle dringt in die weibliche Eizelle ein. Das Durchbrechen der Membranen, die die Eizelle umhüllen, ist ein Kunststück für die Samenzelle, und wenn sie erst einmal drin ist, verändert sich die äußere Oberfläche der weiblichen Keimzelle chemisch so, dass kein weiteres Spermium eindringen kann.

ZYGOTE: An diesem Punkt verschmelzen der Kern des Spermiums und der Kern der Eizelle zum Kern der befruchteten Eizelle, der Zygote. Und hier zeigt sich die geschlechtliche Fortpflanzung in ihrer ganzen Pracht: Die männliche und die weibliche Keimzelle haben das jeweils halbe Genom, sie haben nur je 23 Chromosomen. Die Vereinigung der beiden Keimzellen führt zur Bildung eines Zellkerns, der 46 Chromosomen enthält und somit die genetische Information von beiden Elternteilen.

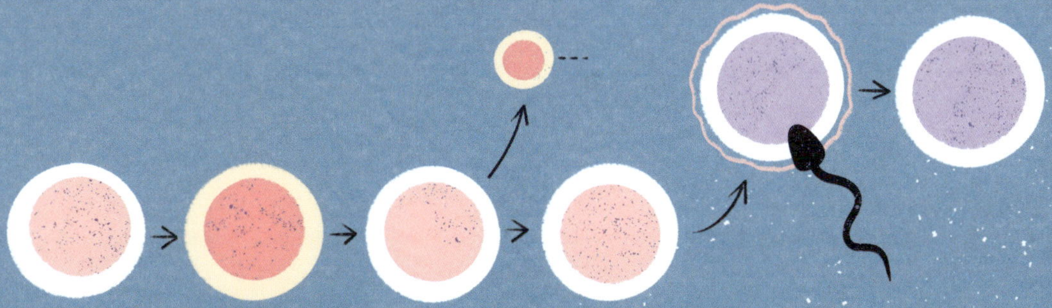

KEIMZELLEN: Keimzellen werden in den Keimdrüsen durch einen Prozess namens **Gametogenese** gebildet. Während der Gametogenese teilen sich die Mutterzellen mit 46 Chromosomen in Gameten (Geschlechtszellen) und halbieren dabei ihre DNA. Die Keimzellen sind jedoch keine perfekten Hälften der Mutterzellen, da eine Neukombination des genetischen Materials stattfindet. Alle Keimzellen unterscheiden sich also voneinander und von der Mutterzelle, aus der sie hervorgegangen sind.

NEUN MONATE – EINE LANGE REISE

Was geschieht im Bauch der Mutter?

WIR SIND ALSO AN DEM PUNKT ANGELANGT, AN DEM SICH DIE BEIDEN KEIMZELLEN ZUR ZYGOTE VEREINIGT HABEN, DIESER BEFRUCHTETEN ZELLE, DIE SICH ZU EINEM NEUEN, FERTIGEN INDIVIDUUM ENTWICKELN WIRD. ABER MOMENT MAL: SIND WIR NICHT MEHRZELLIGE WESEN, DIE AUS MEHR ALS EINER ZELLE BESTEHEN? WAS PASSIERT DANN MIT DER EINZELNEN ZYGOTE?

BLASTOZYSTEN: Die neu gebildete Zygote beginnt sich zu teilen! Das bedeutet, dass sich aus einer einzigen Ausgangszelle nach und nach immer mehr Zellen bilden. Während ihrer verschiedenen Teilungen wandert die Zygote langsam vom Eileiter zur Gebärmutter, wo sie sich fünf oder sechs Tage nach der Befruchtung einnistet. In der Gebärmutter angekommen, besteht die Zygote bereits aus mehreren Zellen und nimmt die Form einer Hohlkugel an. In diesem Stadium wird die Zygote nicht mehr als Zygote, sondern als **Blastozyste** bezeichnet.

EINNISTEN: Die Blastozyste muss sich, um zu überleben, in der Gebärmutter der nun schwangeren Frau einnisten, damit sie die Nahrung erhält, die sie braucht, um sich richtig zu entwickeln. Die oberflächliche Schleimhaut, die den inneren Teil der Gebärmutter bedeckt, nimmt die Blastozyste auf.

TROPHOBLAST: Der äußere Teil der Blastozyste wird **Trophoblast** genannt. Dieser Teil beginnt nun, in die Gebärmutterwand einzudringen, und bildet allmählich die **Plazenta**, das Organ, das den Austausch von Nährstoffen, Sauerstoff und Abfallstoffen zwischen der Mutter und dem sich entwickelnden neuen Lebewesen ermöglicht.

WIE IM KLEINEN, SO IM GROSSEN

In den frühen Entwicklungsstadien, wenn das sich entwickelnde Individuum noch nicht die Merkmale der Art aufweist, ähneln sich die Embryonen von Wirbeltieren (sogar die unterschiedlichsten, zum Beispiel Fische, Katzen, Hunde und sogar wir Menschen). Unglaublich!

PLAZENTA: Das sich entwickelnde Kind ist über die **Nabelschnur** mit der Plazenta verbunden. Während sich die Plazenta zu entwickeln beginnt, wird die Blastozyste von einer Membran, der **Fruchtblase**, umhüllt. Erst wenn die Bildung der Fruchtblase abgeschlossen ist, wird die Blastozyste als Embryo bezeichnet. Die Fruchtblase füllt sich mit einer Flüssigkeit, dem **Fruchtwasser**, in dem der Embryo frei schwimmt und vor äußeren Erschütterungen geschützt ist.

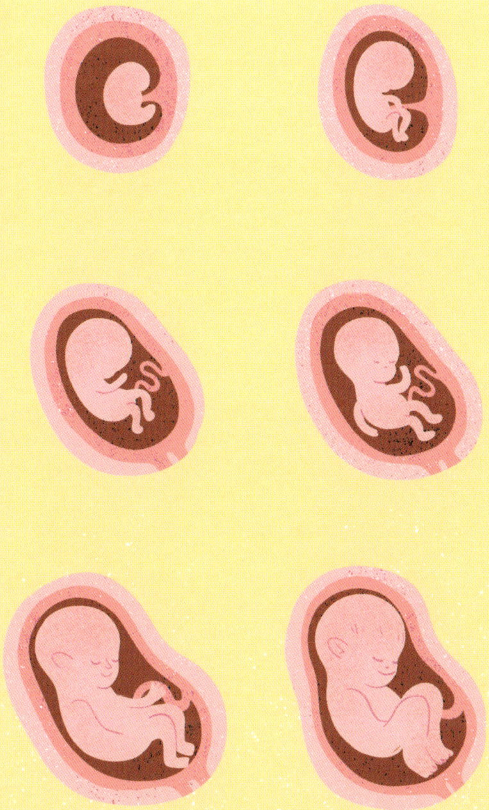

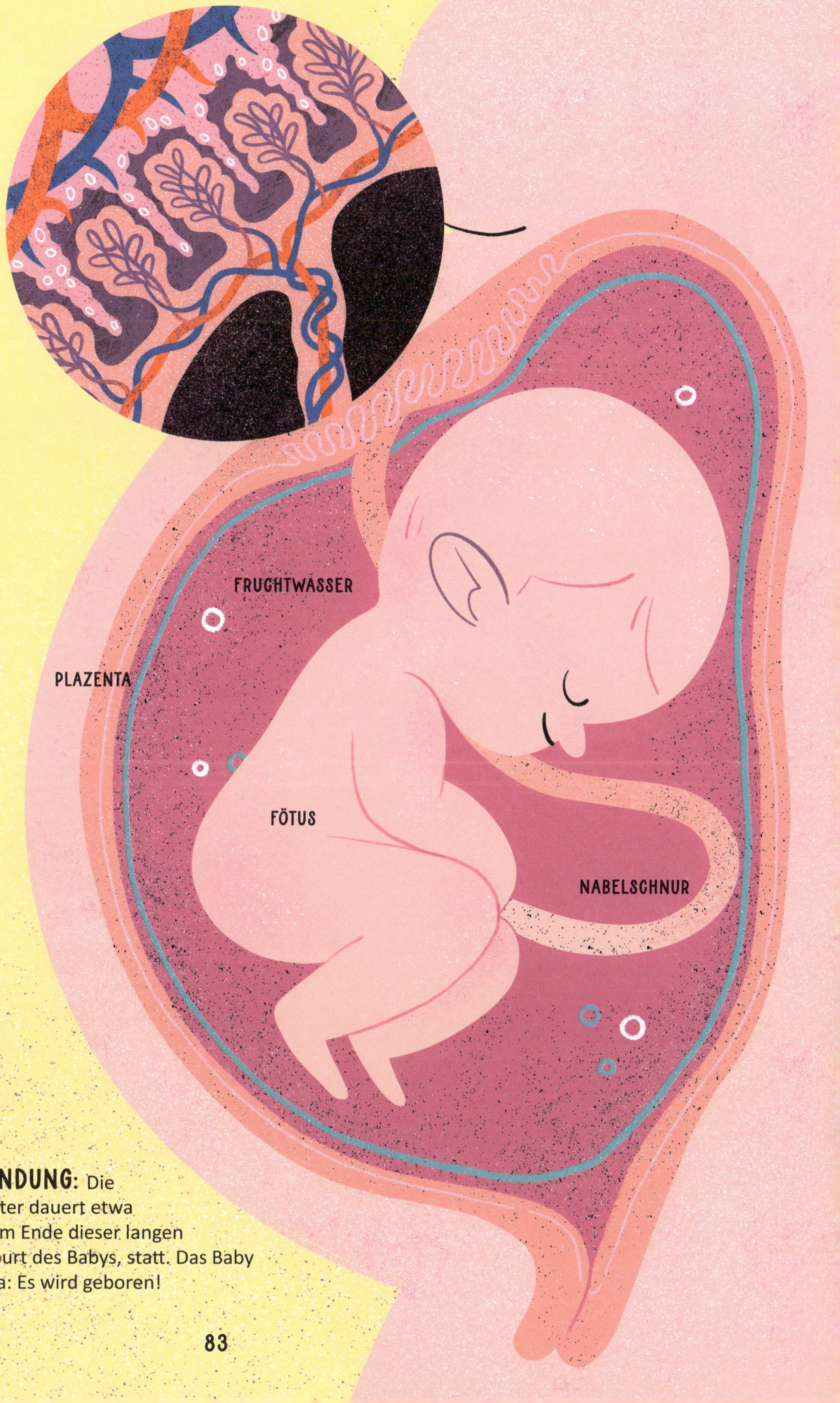

FRUCHTBLASE: Innerhalb dieses Raums wächst und entwickelt sich der Embryo: Er durchläuft die **Organogenese**, d.h. die Bildung all jener Organe, die wir bisher betrachtet haben, und etwa in der achten Woche nach der Befruchtung wird er nicht mehr als Embryo, sondern als **Fötus** bezeichnet. In der Zeit, die wir im Bauch der Mutter verbringen, entwickeln wir uns so von einem kleinen Zellhaufen zu einem voll funktionsfähigen Organismus. Unglaublich, nicht wahr?

SCHWANGERSCHAFT UND ENTBINDUNG: Die gesamte Entwicklung im Bauch der Mutter dauert etwa 40 Wochen und normalerweise findet am Ende dieser langen Zeit die Entbindung, die eigentliche Geburt des Babys, statt. Das Baby verlässt den Mutterleib durch die Vagina: Es wird geboren!

SCHLIESSLICH KOMMT DAS ENDE

Wie altern wir?

WIR ALLE MACHEN MIT DEN JAHREN EINE REIHE VON VERÄNDERUNGEN DURCH, DIE MIT DEM ÄLTERWERDEN EINHERGEHEN. DAS IST ETWAS GANZ NATÜRLICHES: WIR KÖNNEN ES VERLANGSAMEN, ABER DIE ALTERUNG DES ORGANISMUS IST UNAUFHALTSAM. DIESER PROZESS IST WEDER NEGATIV NOCH POSITIV: ER PASSIERT EINFACH WIE DIE BISHER BESCHRIEBENEN PROZESSE AUCH. SIE ERMÖGLICHEN ES UNS, DAS ZU SEIN, WAS WIR SIND. DAS ALTERN UND DANN DER TOD SIND DAGEGEN EREIGNISSE, DIE IN UNSERER GESELLSCHAFT SEHR NEGATIV BETRACHTET WERDEN. ABER DER TOD IST SO NATÜRLICH WIE DIE GEBURT.

ALTERUNG: Der Prozess, der zur Alterung unseres Körpers führt, ist nicht ganz klar: Er ist jedoch auf verschiedene physikalische und biologische Mechanismen zurückzuführen, die zu einer Verschlechterung des Körperbaus und der Körperfunktionen führen. Organe, Gewebe und Zellen degenerieren langsam und begleiten das Alter, den letzten Abschnitt unseres Lebens. Sicherlich haben unsere Entscheidungen einen Einfluss auf diesen Prozess: Lebensstil, der Grad an Stress, dem wir ausgesetzt sind, die Umgebung, in der wir leben, die Ernährung ... Das alles sind Faktoren, die das Altern der Zellen, Gewebe und Organe beschleunigen oder verlangsamen können.

Einige der Veränderungen, die mit dem Alter eintreten, sind uns allen bekannt: Die Haare werden weiß, die Sehkraft nimmt ab (deshalb tragen fast alle älteren Menschen eine Brille!), die Muskeln werden schwächer und die Bewegungen langsamer. Dieser Funktionsverlust der Organe, den wir beobachten können, ist das Ergebnis von Veränderungen auf zellulärer Ebene. Die Zellen, aus denen Organe und Gewebe bestehen, altern ebenfalls, und mit der nachlassenden Funktionsfähigkeit dieser Zellen nimmt auch die Funktionsfähigkeit der Organe ab.

ZELLALTERUNG: Wie wir bereits zu Beginn dieses Buches gesehen haben, werden Zellen geboren, wachsen und sterben schließlich. Wenn sie zu alt werden oder irreparabel geschädigt sind, gehen sie in den **planmäßigen Tod**. Außerdem sterben Zellen auch, weil sie sich nicht mehr teilen können. Es gibt zwar Zellen, die sich während ihres Lebens teilen, um neue Einheiten zu bilden. Dieser Mechanismus ist jedoch begrenzt, denn bei jeder Teilung einer Zelle geht ein Stück DNA verloren. Wenn die verlorene DNA zu groß wird, hört die Zelle auf, sich zu teilen, und wird zu einer **alternden**, alten Zelle! Auf diese Weise setzen sich die Organe allmählich aus Zellen zusammen, die nicht mehr gut funktionieren und nicht mehr ersetzt werden können. Dies ist einer der Mechanismen, die erklären, warum wir altern. Aber das reicht nicht aus. Die Alterung ist ein Prozess, über den noch wenig bekannt ist, der aber in seiner Komplexität sehr faszinierend ist.

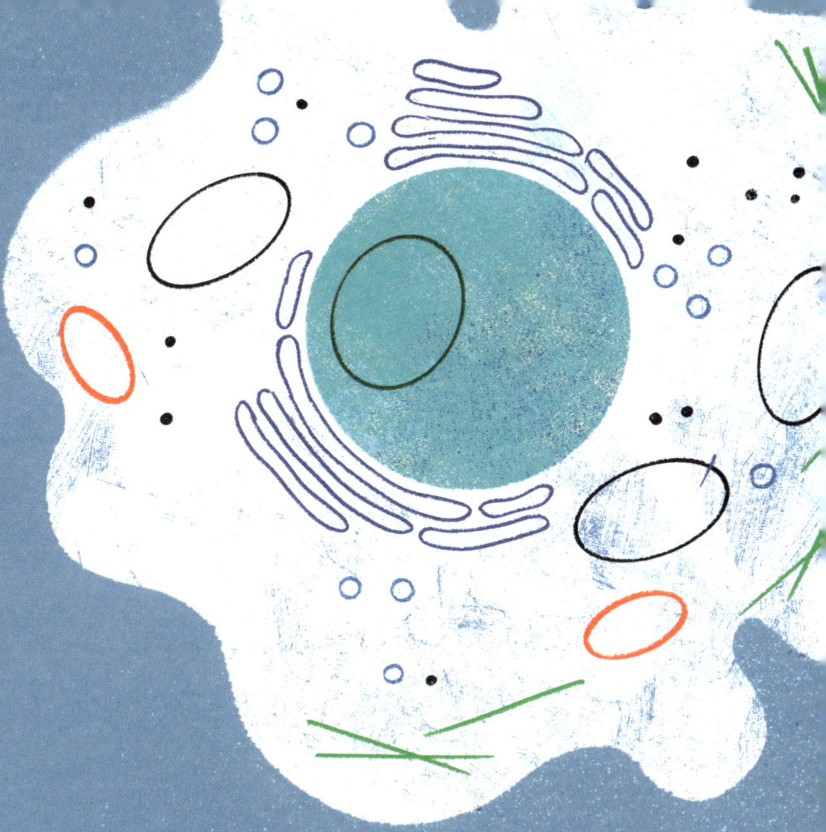

WIE IM KLEINEN, SO IM GROSSEN

Alles in der Natur altert, nicht nur wir! Es ist ein Prozess, der allen Lebewesen gemeinsam ist, genau wie der Tod. Was von außen wie ein Ende aussieht, ist in Wirklichkeit ein kontinuierlicher Kreislauf. Würden wir jemals sagen, dass die Natur im Winter stirbt? Ganz und gar nicht! Sie befindet sich einfach in einem Zyklus, der jedes Jahr im Frühling erneuert wird. Und so sind auch wir Teil eines endlosen Kreislaufs: dem der Materie, die sich ständig erneuert und recycelt.

Nun sind wir am Schluss angekommen. Bist du enttäuscht?

Wir möchten diesen Text abschließen, wie wir ihn begonnen haben, indem wir uns fragen: »Wie kann man ein Buch über den menschlichen Körper abschließen?« Es scheint eine etwas knifflige Frage zu sein: Wie sollte man aus einem Buch Schlussfolgerungen ziehen? Sollen wir eine schöne Zusammenfassung dessen machen, was wir gesehen haben? Die Phänomene, die wir erklärt haben, sind alle sehr interessant und faszinierend ... oder wir hoffen es zumindest. Wir möchten jedoch nicht, dass du dich an die einzelnen Konzepte und die vielen schwierigen Begriffe erinnerst: Dafür kannst du die Seiten durchblättern! Uns ist es wichtig, dass du verstehst, dass wir komplexe Systeme sind, die einwandfrei funktionieren. Jeder Bestandteil unseres Körpers ist so gebaut, dass er eine bestimmte Funktion hat, und das erstaunt uns immer wieder aufs Neue!

»Was ist mit uns, sind wir dann ein Teil der Natur?« Nach diesem Buch können wir sagen: »Ja!« Wir Menschen sind Teil der Natur und fügen uns in dieses komplizierte und gleichzeitig faszinierende Netzwerk ein, das alle Organismen, die unseren wunderbaren Planeten bewohnen, miteinander verbindet. Das wiederholen wir und werden es wiederholen, auch auf die Gefahr hin, dass es eintönig und langweilig wird. Es ist ein Konzept, das in uns einsickern muss, wir müssen anfangen, es wahrzunehmen und es im Kopf zu haben. Wie könnten wir die Natur jemals respektieren oder gar retten, wenn wir sie weiterhin als etwas wahrnehmen, das weit von uns entfernt ist? Wir müssen anfangen, zutiefst zu fühlen, dass wir Teil des gesamten lebenden Systems sind; nur dann werden wir in der Lage sein, es zu schützen. Denn wir sind alle eng miteinander verbunden und, wie wir es in diesem Buch immer wieder gesagt haben: Wie im Kleinen, so im Großen!